不确定性对我国出口企业的影响研究

周丽 著

WUHAN UNIVERSITY PRESS
武汉大学出版社

图书在版编目(CIP)数据

不确定性对我国出口企业的影响研究/周丽著.—武汉:武汉大学出版社,2018.11
ISBN 978-7-307-20606-9

Ⅰ.不…　Ⅱ.周…　Ⅲ.外向型企业—研究—中国　Ⅳ.F279.24

中国版本图书馆 CIP 数据核字(2018)第 249172 号

责任编辑:陈　红　沈岑砚　　责任校对:汪欣怡　　整体设计:马　佳

出版发行:**武汉大学出版社**　(430072　武昌　珞珈山)
(电子邮箱:cbs22@whu.edu.cn 网址:www.wdp.com.cn)
印刷:北京虎彩文化传播有限公司
开本:720×1000　1/16　印张:13.5　字数:192 千字　插页:1
版次:2018 年 11 月第 1 版　2018 年 11 月第 1 次印刷
ISBN 978-7-307-20606-9　定价:35.00 元

前　言

世界银行发布的《全球贸易观察：2016年贸易发展》年度报告指出，发达国家政策不确定性与2016年世界贸易增长乏力之间存在联系。报告根据对18个国家历时30年的广泛数据样本分析发现，全球贸易连续第5年增长缓慢，2016年显现出自2008年全球金融危机以来最弱的增长表现。过去，贸易增长集中于高收入国家和发展中国家，但2016年这两类经济体均呈现出贸易增长疲弱的特征。2016年发达国家经济政策不确定性增大可能导致世界贸易增长率下降。报告作者、世界银行经济学家克里斯蒂娜·康斯坦丁尼斯库认为，欧洲和美国的政策不确定性拉低了全球增长率，从而对贸易产生了负面影响。在经济政策不确定性不断增大的大环境下，企业可能会选择推迟投资和出口，消费者可能会减少支出。贸易协定解体可能也会增加政策的不确定性，对贸易增长造成伤害。可喜的是，经过多方努力，2017年全球经济开始回暖。世界贸易组织发布的《2018世界贸易统计报告》显示，2017年世界商品贸易额增长达11%。其中，亚洲地区的贸易量增幅最大；工业制成品占所有商品出口的比重达70%；中国再次成为排名第一的商品贸易国；2017年中国、美国和德国出口总额约为5.3万亿美元，占全球总出口的30%，而欧盟占全球总出口的三分之一。但是，中美贸易战使世界经济的发展显现出更大的不确定性。2017年8月，美国宣布对中国发起“301调查”，开启了中美贸易战。2018年9月24日，中国国务院新闻办公室发表了《关于中美经贸摩擦的事实与中方立场》白皮书，旨在澄清中美经贸关系事实，阐明中国对中美经贸摩擦的政策立场，推动问题得到合理解决。鉴于世界经济发展的现状，不确定性对经济发展的影响引起了学者们的广泛关注。学者们普遍认为不确定性会对经济造成影响，尤其当经济危机来临时，不确定性会加深经济危机造成的负面影响，使全球经济陷入恶性循环。

国际贸易使世界各国在成本差异的前提下分工合作，最大限度地释放出生产力，为世界各国消费者及生产者带来福利，但国际贸易也是一把双刃剑。一方面，自由贸易让消费者拥有更丰富的商品，生产者拥有更广阔市场的同时，也使国内经济与世界经济的联系更为紧密，使得世界经济波动更容易传导到国内，对国内经济发展造成影响。1998 年东南亚金融危机，2000—2001 年世界经济温和衰退时期，2008 年美国金融危机及之后的经济长期低迷，每一次危机来临，国际贸易使危机波及更广，时间持续更久。另一方面，各国之间的成本差异并不是永久不变的。自由贸易将本国具有比较优势的产品销售到国外获取利润的同时，本国也进口国外具有比较优势的产品，同时抑制本国弱势产业的发展，使本国经济发展失去了应有的可能性。

为了应对近年来世界经济的下行，有些国家频繁地调整贸易政策为本国经济发展服务，为全球贸易政策注入更多的不确定性。比如不断调高进口关税，试图阻止他国产品进入国内市场，抢占国内企业的市场份额。但是，用调高进口关税来保护国内经济真的对本国经济发展有利吗？进口国收取的关税真的是由出口国承担的吗？

本书首先对已有的相关文献进行梳理，在前人研究的基础上找出可能的创新点。其次，从关税传导视角将贸易政策不确定性纳入贸易双方价格的博弈，分析贸易政策不确定性对贸易双方的影响以及贸易政策不确定性在资源再配置中的作用。再次，描述了中国出口企业面临的贸易政策的现状及中国出口企业的绩效。然后，运用 CEPII 数据库中国 2000—2016 年的出口贸易数据合并 WITS 数据库关税数据，运用引力模型验证了贸易政策不确定性对出口收入的影响；运用中国海关数据库合并 WITS 关税数据库的企业层面数据研究贸易政策不确定性对企业出口增长二元边际的影响；并入工业企业数据库后研究贸易政策不确定性对其他绩效指标的影响；研究贸易政策不确定性通过企业生产率影响资源再配置。最后，提出本书的结论。基于以上的研究，本书得到了如下结论：

第一，政策不确定性增大会对企业出口贸易造成抑制效应。从实证研究可以看出，这种抑制效应主要由系统性政策不确定性即宏观层面的不确定性造成的。当发生特殊的国际事件时，经济发展趋势不明，世界各国普遍减少或者推迟出口，以规避可能的损失。而非系统性政策不确定性方差较小，且对中国出口企业的影响相对较弱，说明中国不同企业之间应对不确定性的差异并不大，即中国出口企业之间的竞争是相对公平的。否则，外界的不确定性越大，对新进入国外市场的出口企业抑制作用会越明显。

第二，政策不确定性的影响存在异质性。政策不确定性对出口企业的影响程度与出口目的地、出口产品大类、出口企业的所有制、出口企业的规模等有着密切的联系：市场占有率越高的出口目的地市场，贸易政策不确定性增大对出口抑制作用就越小。因此，即使贸易政策不确定性较高也不会对该市场造成较大影响。同样的，如果出口产品所在行业竞争激烈，市场偏完全竞争，则贸易政策波动无法对出口目的地的价格产生较大影响，只能由出口企业吸收大部分调增的关税，从而影响出口企业的绩效。

第三，政策不确定性会引起资源再配置作用。理论上，中国所面临的贸易政策不确定性能通过影响冰山成本的期望来影响企业的出口选择。市场的优胜劣汰机制仍会使生产率高的企业选择出口贸易，生产率次之的企业选择同时内销和出口，生产率最低的企业退出市场。若不考虑出口经验的影响，中国所面临的贸易政策不确定性越高，进入门槛提高的幅度就越大，这会使一些本可以达到出口要求的企业选择内销，引起内销更加激烈的竞争，受到更严重的损失。由于贸易政策不确定性的存在，只有生产率足够高的出口企业才能克服贸易政策不确定性带来的障碍进入市场。因此，贸易政策不确定性的存在影响了市场的优胜劣汰，阻碍了整体生产率的提高，对内销企业造成更大伤害。

需要强调的是，本书提到的不确定性如无特别指定均是指我国企业所面临的不确定性。

目　录

引　论

经济全球化一直是当今世界发展的主流趋势。自 20 世纪 80 年代以来，全球化进程加速，国际贸易已经成为推动世界经济增长的重要动力之一。来自世界银行的数据表明，在 1960—2016 年，世界 GDP 的增长始终伴随着世界贸易依存度的增长(见图 1)。

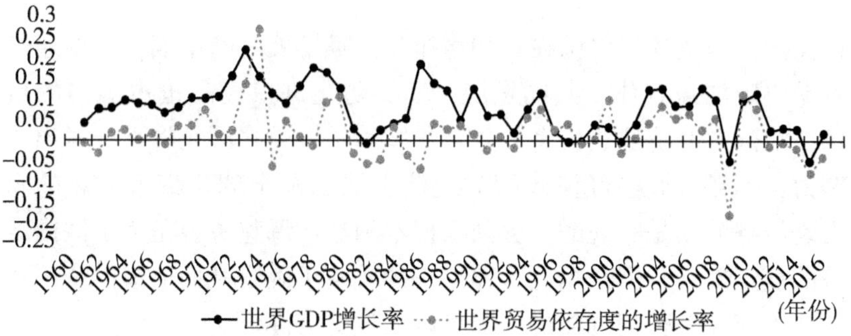

图 1　世界 GDP 增长率及世界贸易依存度增长率

资料来源：世界银行数据。

世界贸易依存度从 1960 年的 17.51% 上升到 2008 年的 51.53%，贸易已成为经济发展不可或缺的重要引擎。但是，自 2008 年金融危机后，世界经济波动明显，虽然经过各国的努力，世界贸易依存度在 2009—2011 年也有过回升，但随后持续下降(见图 2)。

世界经济近年来始终在曲折中发展，国际市场的竞争日趋激烈。世界各国为了复兴国内经济、抢占国外市场，会通过不断改变贸易政策，比如通过调整关税、出口退税等贸易政策对本国经济进

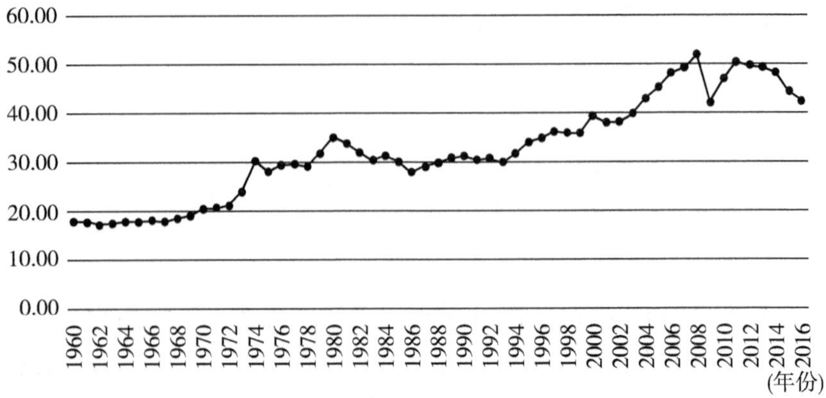

图 2 世界贸易贸易依存度

资料来源：世界银行数据。

行保护，与贸易伙伴国在零和博弈和共赢发展之间徘徊，既要通过贸易协定加强合作、共同发展，又要防止进口商品抢占国内的市场，给国内经济造成伤害。并且各国为了挽救本国经济下行做出了努力，即频繁调整经济政策对经济发展以及全球化带来的新的阻力。经济波动是客观的，各国根据本国经济调整关税是为了国内经济的稳定发展，但是据此延伸出来的政策不确定性而造成的资源错配却不能带来任何利益的，但可以通过努力降低。

国际贸易是拉动我国(出于统计口径原因，后文无特别说明时，中国仅指代中国内地)经济发展的重要引擎之一，为我国在改革开放后的经济发展作出了重大贡献。观察我国 1981—2016 年的 GDP 及进出口贸易数据(见图 3)发现，进出口贸易整体上与 GDP 呈正相关关系。自我国 2001 年加入 WTO 以后，我国进出口贸易额增长更为迅速。但是，从 2007 年世界经济下行开始，我国进出口贸易额增长乏力，波动明显增大。

国际贸易使世界各国在生产成本差异的前提下分工合作，最大限度地释放出生产力，为世界各国消费者及生产者带来了福利，但国际贸易也是一把双刃剑。一方面，自由的贸易让消费者拥有更丰富的商品，生产者拥有更广阔市场的同时，也使国内经济与世界经

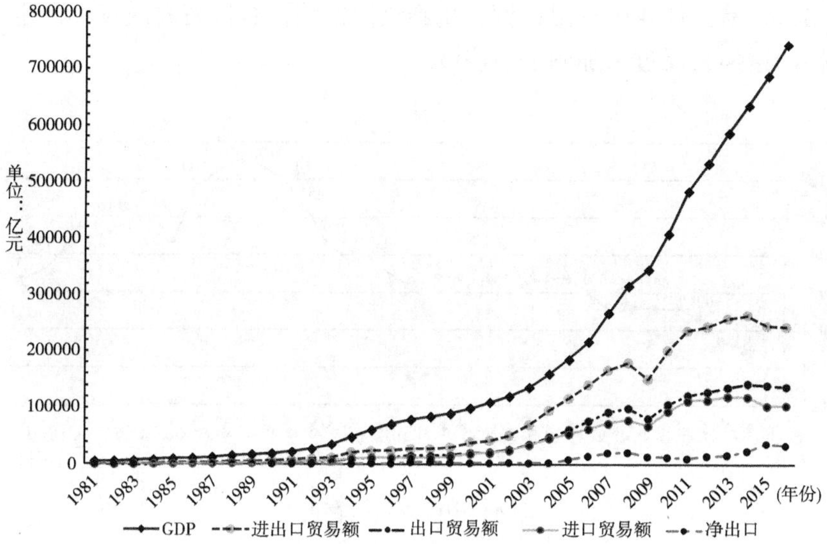

图 3　中国 GDP 及进出口贸易额

济的联系更为紧密，造成世界经济波动更容易传导到国内，对国内经济发展造成影响。1998 年东南亚金融危机，2000—2001 年世界经济温和衰退时期，2008 年美国金融危机及之后的经济长期低迷，每一次危机来临，国际贸易使危机波及面更广，时间更持久。另一方面，各国之间的生产成本差异永远都在变化中。自由贸易将本国具有比较优势的产品销售到国外获取利润的同时，本国也进口国外具有比较优势的产品，这将抑制本国该产业的发展。应对近年来经济下行，世界各国的贸易政策呈现两个明显的趋势：比如美国按照零和博弈的思维模式，退出贸易协定，提出“美国优先”的外交政策；根据国内经济发展频繁地调整经济政策为国内经济发展服务。比如中国根据共赢发展的思路，积极缔结贸易协定，稳定贸易政策推动世界经济的共同发展。那么这两种发展思路究竟哪种对本国经济发展更有利呢？频繁地调整政策会使政策的不确定性增大，又将对出口企业带来怎样的影响呢？

从图 4 中可以看出我国的外贸依存度在 2006 年达到历史最高点，之后开始下降。世界经济在 2007 年开始波动加大，传导到进出口贸易，使我国进出口贸易受到负面影响。各国贸易政策不确定性的增强又反过来加剧了经济波动。

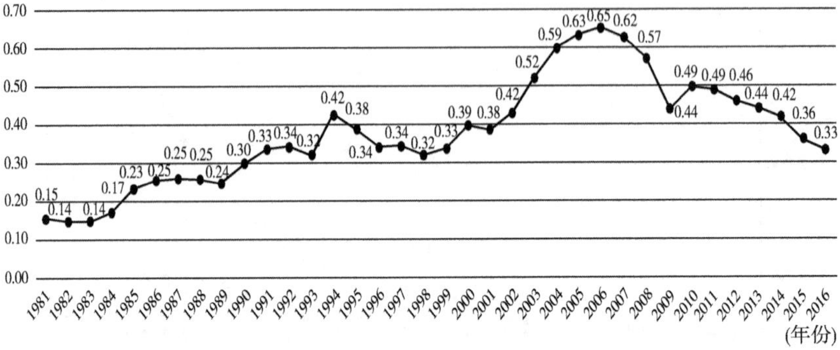

图 4　中国外贸依存度

国际贸易存在的前提是各国生产成本的差异。亚当·斯密在《国富论》中明确提出一国之所以愿意与他国开展贸易是为了其带来的更大的利益的思想。而这种更大的利益来源于两国之间生产成本的差异。古典贸易理论(主要包括斯密的绝对优势理论和李嘉图的比较优势理论)从行业的视角只看到了这种静态差异的存在，并因此进行贸易；新古典贸易理论(主要包括赫俄的资源禀赋理论)从行业的视角，进一步解释了这种差异的来源，证明了据此静态差异进行贸易的合理性；以克鲁格曼为代表的新贸易理论从行业的视角，通过规模报酬递增和垄断竞争来解释引起贸易的差异来自生产成本的差异。这说明随着规模的扩大，由于固定成本的存在，单位产品成本会下降。这从动态视角解释了先发优势的价值。国际贸易理论一直关注引起贸易的差异，研究的内容越来越细致、微观。Melitz 指出在垄断竞争市场，将视角细化到微观企业层面，企业生产率的差异是产业内贸易的原因。进一步指出了优势不仅来源于资源禀赋、规模，还可能来源于企业的生产率，即：包括管理水平在内的科技进步。

国际贸易能在全世界范围内实现资源配置最优化，为经济增长作出贡献，而且还能带来知识、技术在全球范围内的流动，使全球生产率普遍提高。在世界经济高度关联的今天，为了扭转本国经济下行而实行的保护型贸易政策扭曲了资源配置，造成了资源损失，政策不确定性又进一步加深了这种资源扭曲，加大了资源损失，对经济增长造成了影响。目前，随着全球经济持续下行，各国为了本国经济的持续发展不断调整政策，使各国的政策不确定性加大。不断加大的政策不确定性又反过来影响世界各国经济增长和社会发展，使世界各国经济增长复苏放缓。因此，政策不确定性对经济发展的影响引起了学者们的广泛关注，如何尽快恢复经济增长是目前国际贸易理论界和实务界都十分关注的问题。

《国富论》的出版标志着经济学作为一门学科的诞生，但是亚当·斯密并没有使用严密的假设进行经济学的推导，即：他并没有将经济学作为一门确定性的理论进行研究。经济学严密的假设和推导是从李嘉图开始的，将经济学通过严密的假设，按照理性进行推导。尽管完全理性是不可能成立的，但它依然可以代表微观个体所组成的宏观的决定，从而抽象出经济学的规律，为经济和政治服务。正如哈奇森所说的"李嘉图之后，整个主流思想体系的基石是有关知识、确定性、预期的假设，并根据这些假设来解释人们正在做的或可能做的事情"。自李嘉图以后，贸易的研究大部分是在确定性的框架下进行的，基于不确定性的研究较少。目前国内研究贸易政策不确定性的文章很少，国外对政策不确定性方面的研究比国内要早，研究也比较成熟。但大多学者的研究仅仅停留在宏观层面或者产品层面，使用宏观和中观层面的数据进行研究，以微观企业为视角的研究很少。大部分学者将政策不确定性对微观企业的影响视为负面影响，认为政策不确定性会使企业出口交易延迟，直到经济发展和贸易政策明朗后才开始交易。在经济波动的条件下，政策不确定性只会加深经济危机造成的负面影响，使全球经济陷入恶性循环。但却忽略了政策不确定性对微观企业的影响是复杂的，政策不确定性的存在相当于提高了企业进入国际市场的门槛，企业所承担的进入国际市场的固定成本及单位产品的变动成本都提高了。政策确定性的存在会降低企业选择出口的意愿，改变企业出口的数量、品种。但是，政策不确定性所造成的成本的提高并不是现实成本，并不影响出口企业的账务处理，因此也不造成对出口企业利润的影响。它起到的作用仅仅是降低了所有企业的出口意愿，改变企业出口的数量、品种。

另外，以往的多数研究没有分市场情况讨论。早期的文章是基于完全竞争市场进行研究的。近年来，学者们的研究聚集到假设市场是垄断竞争的。但事实上，我国面对的国际市场是复杂的，完全竞争、垄断竞争和垄断市场同时存在。出口给企业带来了更为广阔的市场，使企业在产品定价上具有更多的主动权，延长了企业的规模报酬递增的范围。但如果市场是完全竞争的，出口企业并不具有定价权，政策不确定性全由出口企业承担而不可能得到补偿；如果面临的出口市场是垄断市场，而我国出口企业就是垄断企业，我国出口企业具有绝对的定价权，则企业面临的不确定性可以由买方来补偿；更为普遍的是垄断竞争市场，当面临垄断竞争市场时，政策不确定性带来的成本由出口企业和消费者分担。

第一章　不确定性的文献研究

不确定性随处可见，它渗透在我们日常工作与生活的方方面面。我们面对日益复杂的工作与生活，每天都在努力降低不确定性，将我们所面临的不确定性控制在一个安全的范围内。不确定性是客观存在的，但我们每个人对不确定性的承受能力以及应对不确定性的能力却有很大差异。它与每个人自身的能力、性格、习惯等因素密切相关。每个国家或地区对不确定性的应对和承受能力也不一样。有些国家或地区的人民普遍善于冒险，而有些国家或地区的人民倾向保守。有的人喜欢惊险、刺激，通过主动承担和应对不确定性，为自己带来利益；但对于更多的普通人而言，不确定性是一种折磨，人们都希望面对可以确定的结果，迎接可以掌控的未来。

国际贸易为参与贸易的消费者和生产者带来了福利，使消费者可以消费更为丰富的产品，生产者可以拥有更广阔市场的同时，也使参与贸易的国内经济与世界经济联系得更为紧密，造成一国经济波动更容易传导到其他国家，进而发展成一场大规模的世界经济危机，影响世界经济的发展。1998 年东南亚金融危机，2000—2001 年世界经济温和衰退时期，2008 年美国金融危机及之后的经济长期低迷，每一次危机来临，国际贸易使危机波及更广，时间更久，经济发展显现出更大的不确定性。那么，什么是不确定性呢？不确定性一定会带来负面影响吗？我们首先来看看不确定性的相关文献研究。

第一节　不确定性的概述

美国芝加哥学派创立者富兰克 · H. 奈特(Frank H. Knight)在

不确定性研究方面作出了开创性贡献。富兰克·H. 奈特(1921)明确地提出了“不确定性”这个概念，并将按照不确定性的可度量程度将不确定性区分为“广义的不确定性”和“狭义的不确定性”。奈特认为“广义的不确定性”是指包含“风险”在内的所有的不确定性。“风险”是指可以运用统计手段估计与度量，并且获得经验概率的不确定性，它具有可以分散或者补偿的特征；而“狭义的不确定性”在本质上是排除风险以后“剩余的不确定性”，是不可能获得经验概率的。奈特指出造成不确定性的因素分为四种：第一种，人们对客观事物的认识不一定正确，运用目前这种不一定正确的认识去推测未来情况的变化结果是不确定的；第二种，即使认识正确，也可能在执行过程中由于疏于干预而导致结果不确定；第三种，人们未必能对干预过程中引发的一系列额外变化有充分的认识；第四种，人们在从事各种活动的时候，未必能得到预期结果。奈特认为利润是来自于这种“剩余的不确定性”，而不是可用统计手段来估计与度量的“风险”。奈特区分风险与不确定性的意义在于风险是一种人们可知其概率分布的不确定，可以根据过去的经验来推测未来的可能性，即：人们对这种拥有确定概率分布的不确定性更容易估价。而不确定性则意味着人类的无知，通常是指没有发生过的全新的事件。具体来讲，风险的特征是概率估计的可靠性，以及因此将它作为一种可保险的成本进行处理的可能性。估计的可靠性来自所遵循的理论规律或稳定的经验规律。奈特提出了两种减少不确定性的方法：第一，通过保险将不确定性集中化，利用不确定性结果的相互抵消，将众多的偶然的事件集中起来，从而将投保者个人难以承受的不确定性转化成较少的可以承受的保费。而保险公司也由于不确定性发生的概率并不高而获得利益。第二，专业化，企业的联合有助于克服不确定性，企业通过增加生产规模可以减少不确定性的控制成本。霍利认为“一定风险承担的精算值对于不同的企业家来说是不同的，原因在于他们的能力和环境是不同的”，他认为“利润是聪明地选择风险的结果”。

之后跟随研究的代表人物有：阿罗(K. Arrow)、萨维奇(L. J. Savage)、德布勒(G. Debreu)、安斯考伯(F. J. Anscombe)、

奥曼(R. J. Aumann)、雷法(H. Raiffa)、萨缪尔森(P. Samuelson)、阿莱(Maurice Allais)等。他们的主要成就是运用概率论来测算风险，用数学公理化方法刻画在不确定性环境下人的经济行为以及将不确定性融入一般均衡模型中①。凯恩斯只承认不确定性，不承认风险，但大多数学者认为风险和不确定性并存。为了衡量不确定性，学者们对不确定性进行了分类并探索不确定性存在的原因。考特尼(2000)把可能性经过详细分析之后仍然存在的不确定性称为“剩余不确定性”，并根据前景的不确定程度将其划分为四个层次。Milliken(1987)从个体感知的角度将不确定性区分为状态不确定性、效果不确定性、反应不确定性。Duncan(1972)认为不确定性存在的根本原因在于个体在制定决策与评价结果的过程中缺乏信息。摩根(2011)总结不确定性的原因在于信息不完备、信息来源不一致、信息经由载体传播途径中产生偏差。这些研究使不确定性和信息经济学联系密切起来。随着信息经济学的不断发展，风险越来越多地从不确定性中分离出来，为人们所掌控。

综上所述，以奈特为首的学者们大多认同风险是可预见的，而真正的不确定性是不可预见的。但是，风险和不确定性的划分却存在历史性和主观性。不确定性是客观存在的，不同个体对信息的接受和加工程度存在差异。正如霍利所说的，“一定风险承担的精算值对于不同的企业家来说是不同的，原因在于他们的能力和环境是不同的”。但在信息时代来临之前，由于人们将风险从不确定性中分离出来的能力较弱，并且当时社会科学技术不发达，人们普遍教育水平不高，因此在应对不确定性方面的差异不大，更多的不确定性被划入“剩余不确定性”中。然而随着时代的发展、信息技术的成熟，个体的信息处理能力的差异逐渐扩大，如企业管理层素质、企业家个人阅历都存在很大的差异。因此，本书在研究政策不确定性时，并不把风险从不确定性中剔除，主要将政策不确定性看作国家或者企业付出的、需要补偿的成本。目前不确定性的研究主要集

① 张培刚. 微观经济学的产生和发展. 湖南人民出版社，1997：464-465.

中在经济政策不确定性和贸易政策不确定性两个方面。接下来介绍经济政策不确定性和贸易政策不确定性的概念及我国经济政策不确定性和贸易政策不确定性的特征事实。

第二节 经济政策不确定性

经济政策不确定性（Economic Policy Uncertainty），是指市场经济主体难以准确感知政府在未来是否、何时以及如何改变现行的经济政策（Gulen and Ion，2016）。目前大多数文献使用 Baker 等（2015）编制的月度经济政策不确定性指数来描述经济政策不确定性。全球经济不确定性月度指标 Global Economic Policy Uncertainty（GEPU）是根据 20 个国家或地区的 GDP 为权重计算的经济不确定性，这 20 个国家是澳大利亚、巴西、加拿大、智利、中国、法国、德国、希腊、印度、爱尔兰、意大利、日本、墨西哥、荷兰、俄罗斯、韩国、西班牙、瑞典、英国和美国。每个国家或地区的不确定性是基于新闻报道对经济、政策不确定性的报导频率。经观察可以发现，自 2000 年以来，全球经济政策不确定性指数有逐年增高的趋势，且中间经历了四次较大幅度的正向波动：（1）2001—2003 年，全球经济政策不确定性指数第一次出现了大幅飙升的现象。2001 年美国“9·11”事件发生，受美国“9·11”事件影响，全球经济开始衰退，世界各国为了应对经济衰退，确保稳定就业和消费增长，相继出台了扩张性的财政政策和货币政策，使得这一时期全球经济政策不确定性指数大幅增加。（2）2008 年全球金融危机的爆发使世界经济陷入衰退的泥潭，全球经济环境发生剧烈变化，因此各国为应对经济下行不断调整经济政策，使全球经济政策不确定性增大。（3）2011—2013 年，全球经济政策不确定性指数又一次出现了大幅波动。2012 年欧债危机的发生进一步加剧了全球经济复苏的不确定性。（4）2016—2017 年，经济显现低 GDP 增长、低投资、低贸易增长、低 FDI、低通货膨胀、低利率水平、低油价下缓慢增长的特征。

第三节　贸易政策不确定性

贸易政策是经济政策的一种，贸易政策包括关税政策、非关税壁垒、出口退税政策、外汇政策等，本书所指的贸易政策不确定性如无特殊说明，仅指关税不确定性。贸易政策不确定性是指贸易政策逆转到最坏情况的可能性。纵观贸易理论的发展，大部分理论是以确定性为前提的，在确定性的框架下进行理论推导。本书是在不确定性下进行研究的。本节首先介绍不确定性研究的相关文献，然后在古典贸易理论、新古典贸易理论、新贸易理论和新新贸易理论框架下探索在贸易理论发展过程中对不确定性的处理及其处理的适当性。

一、贸易政策不确定性分析

（一）没有不确定性的世界

哈奇森指出，“对含有不确定性的世界的分析，尤其是对倾向因素的分析不可能从有意义的或者合理的行为假设开始，这个假设只适用于没有不确定性的世界”。这里哈奇森提出了一个“没有不确定性的世界”，指的就是古典经济学和新古典经济学的时期。

1. 古典贸易理论中不确定性分析

古典贸易理论产生于18世纪中叶，主要包括亚当·斯密的绝对优势理论和大卫·李嘉图的比较优势理论。古典贸易理论假设市场是完全竞争的；规模报酬是不变的；除了劳动生产率，其他条件是无差异的。古典贸易理论认为贸易取决于参与贸易的国家或地区之间静态的绝对优势或者比较优势。该理论认为劳动是创造价值的唯一源泉，按照劳动价值论，用劳动来衡量产品的价值，因此，国家或地区出口具有绝对优势或者比较优势的商品，这种绝对优势或者比较优势是指在生产商品方面能花费较少的劳动。在18世纪中叶，市场是完全竞争的，商品是同质的，商品的价格是确定的，贸易是为了互通有无，各国通过相互依存获得福利。这个时期参与贸易的各国也面临不确定性，但这种不确定性的特征是随机的。贸易各方对不确定性通常不能提前识别且缺乏应对的方法，因此参与贸易的国家或地区应对不确定性的差异可以忽略不计。

2. 新古典贸易理论中不确定性分析

贸易是由差异引起的，随着贸易的加深，对贸易的研究也更加深入。19 世纪初，瑞典经济学家埃利·赫克歇尔（Eil F. Heckscher）和他的学生伯尔蒂尔·俄林（Beltil G. Ohlin）把差异研究到了生产要素层面，提出了生产要素禀赋理论。他们认为在两国技术水平相等的前提下，产生比较成本的差异有两个原因：一是两国间的要素充裕度不同；二是商品生产的要素密集度不同。各国应该集中生产并出口充分利用本国充裕要素的产品，以换取那些密集使用却是稀缺要素的产品，使参与国的福利都得到改善。新古典贸易理论假设市场是完全竞争的；规模报酬是不变的；除了包括劳动在内的要素禀赋，其他条件是无差异的。新古典贸易理论认识到了国家之间要素禀赋是不同的，认为这是贸易得以开展的前提和基础。但这种分析却只停留在静态，认为要素禀赋优势不会随着时间而改变。这个时期参与贸易的各个国家面临的不确定性的特征依然是随机的，并且各个国家应对不确定性的差异较小。

总之，在古典贸易理论和新贸易理论中，贸易是基于静态的差异而存在的，并没有考虑优势和劣势是会变化的，一个国家生产不具有优势的产品是有可能发展出优势的。在古典贸易理论和新贸易理论时期，因为不确定性的发生是随机的，参与不确定性的各国对不确定性的应对差异较小，因此为了简化研究，常常忽略了不确定性的存在。

（二）新贸易理论和新新贸易理论中不确定性分析

新贸易理论和新新贸易理论时期，随着信息经济学的发展、企业信息系统的广泛使用、网络传输的普及，使信息收集变得越来越经济、精确、及时，此时我们已经具有衡量政策不确定性的物质基础。同时，世界贸易的发展使世界各国经济更加紧密地联系在一起，各国很容易被他国的经济波动影响。第二次世界大战后，随着科技进步和生产力的不断发展以及国际政策的相对稳定，国际贸易规模逐渐扩大。国际贸易的商品结构和地区分布与战前相比发生了很大变化，经济发展水平相似的发达国家之间的贸易比重大大提高，占世界贸易总额的70%以上，并出现了产业内贸易。Krugman(1979)将规模经济引入一般均衡模型，在行业层面证明了因为规模的存在，两个国家之间即使偏好、技术、要素禀赋都相同，也可以发生贸易。Melitz(2003)提出异质性企业理论模型，将研究层面转到微观企业层面，研究在一个产业内，为什么有的企业能出口，有的企业只能内销。

新贸易理论和新新贸易理论的假设：市场是垄断竞争的；规模报酬是递增的；除了规模，其他条件是无差异的。那么，这个假设是否合理呢？因为机器设备的广泛使用使生产者之间的差异主要产生于固定资产投资，生产越多，固定资产价值就摊得越薄，变动成本就越低。市场是垄断竞争的，规模报酬是递增的。在垄断竞争市场中，由于产品是具有差异的，所以价格不同于完全竞争市场下的确定价格，而是由生产者根据利润最大化用成本加成定价方法定价的，所以规模越大的生产者获得更多利润。但是Melitz(2003)提出的生产率异质性并不仅仅指的是由规模带来的差异，还包括同一行业中不同企业所特有的包括管理在内的异质性。这个时期经历过战争，世界各国对不确定性的认识更加深刻，在选择贸易伙伴时会更加谨慎。发达国家之间的贸易比重有大大提高，产业内贸易的盛行很可能是为了规避不确定性。此时，随着信息技术的提高导致不确定性的识别能力增强，国际贸易已经开始有意识地规避不确定性。即：不确定性正在越来越多地从“剩余不确定性”的范畴转向风险，并通过技术手段对风险进行分散、防范。

总之，主流的贸易理论在推导前都会设定经典假设，尽管这些假设与现实生活不符，但它却使经济学的理论更加纯粹，模型更加简洁，经济更具科学性。但是这些经典理论的假设也是具有历史性的，受当时的客观条件所限制。当一种影响因素在某个时代相对不重要时或者测度不方便时，将其忽略为零是正确的，也是必然的。但随着时代的发展，以前不重要的因素可能会变得相对重要，以前无法取得的信息也会变得容易得到，随着生产要素可以自由流动，贸易政策的差异突显出来，政策不确定性也显得更为重要了。

二、经济和贸易政策不确定性的测度

现有文献对经济政策不确定性的测度比较简单，大部分学者用Baker等(2015)编制的月度经济政策不确定性指数(Economic Policy Uncertainty Index)来描述经济政策不确定性。Economic Policy Uncertainty网站(http://www.policyuncertainty.com)公布全球及世界主要经济体的经济不确定性月度指标。全球经济政策不确定性指标Global Economic Policy Uncertainty (GEPU)是根据澳大利亚、巴西、加拿大、智利、中国、法国、德国、希腊、印度、爱尔兰、意大利、日本、墨西哥、荷兰、俄罗斯、韩国、西班牙、瑞典、英国和美国这20个国家的GDP为权重计算的经济不确定性。其中，每个国家的不确定性是基于新闻报道对经济、政策不确定性的报导频率。

贸易政策不确定性的测度主要有两种：第一种：Handley和Limão(2012)基于异质性企业模型和一阶差分法，推导出贸易政策不确定性(TPU)的测度为：$TPU=\frac{1-(T/MFN)^{\sigma}}{\sigma-1}$，其中$T$是优惠关税，MFN是最惠国关税，$\sigma$是进口替代弹性。Handley和Limão(2013)在研究TPU的降低对中国向美国出口的影响时，从理论模型中推导出TPU的测量公式是：$TPU=1-\frac{\tau_m^{\sigma}}{\tau_2^{\sigma}}$，其中$\tau_m$是美国在基期2000年对中国征收的最惠国关税，$\tau_2$是美国对中国设定的Smoot-Hawley关税，当美国取消中国的最惠国待遇就会按Smoot-Hawley关税收取。Handley(2014)在研究TPU对澳大利亚出口的影响时，推导出的贸易政策不确定性的公式为：$TPU=1-\frac{\tau_{MFN}^{\sigma}}{\tau_B^{\sigma}}$，其中$\tau_{MFN}$是最惠国关税，$\tau_B$是WTO约束关税。第二种方法是直接差分法。Groppo和Piermartini(2014)，Feng等(2017)，Alberto等(2015)将关税不确定性作为当前的优惠关税逆转为关税上限的可能性，采用的贸易政策不确定性的度量方式是：

$$TPU=\begin{cases}\tau_B-\tau_{MFN} & \text{WTO 成员国}\\ \max(\tau_p-\tau_{MFN},\ 0) & \text{签订了 RTA}\end{cases}$$

其中，τ_{MFN} 是最惠国关税，τ_{AHS} 是实际关税。当双方均为 WTO 成员国并且实际关税小于最惠国待遇时，TPU 是最惠国待遇和实际关税的差额；当双方有一方不是 WTO 成员，则不能享受最惠国待遇，则关税上限改为 3 倍的实际关税与实际关税的差额，即 2 倍实际关税。如果一国实际关税大于最惠国待遇，则说明 WTO 的关税约束未起效，关税上限改为 3 倍的实际关税与实际关税的差额，即 2 倍实际关税。

本书借鉴风险收益理论的做法，将 TPU 区分为系统性 TPU 和非系统性 TPU。本书将系统性 TPU 定义为我国某年所有出口产品国家或地区对的 TPU 的加权平均值，将 TPU 和系统性 TPU 的差额定义为非系统性 TPU。系统性 TPU 衡量了我国该年面临的贸易政策不确定性的普遍水平，它反应的是宏观层面的不确定性，是企业无法掌控和分散的，因此它应该得到补偿；而非系统性 TPU 是企业可以通过选择出口目的地或者产品组合分散掉的，因此不应该得到补偿。非系统性 TPU 的特征是汇总后为零，说明具有可分散性。

三、不确定性对出口企业的影响

不确定性是一个很新的问题，很少有学者在企业层面研究经济政策和贸易政策不确定性带来的影响，多数学者会运用宏观或者产品层面的数据在研究区域贸易协定时研究贸易政策不确定性对国家或地区、行业或者产品的影响。我国有关经济政策和贸易政策不确定性对企业影响方面的研究较少，本研究正好填补了这一空白。

Melitz 和 Ottaviano(2008)研究了关税是如何被贸易双方承担的。该模型认为在不完全竞争市场上，出口企业可以通过调整其产品加价与产品质量来吸收部分关税变化，从而导致关税传导的不完全性。而且对于产品质量差异较小的同质性产品而言，关税吸收弹性与企业效率呈反比。

Handley(2014)首先提出多边贸易协定会为出口商提供一个更

加稳定的贸易环境，研究发现如果1996年WTO成立后没有实行限制性关税协议，那么1993—2001年澳大利亚进口产品种类的增长将降低7%，如果澳大利亚把进口产品的实际税率和限制性税率都降为0，则预计的贸易量增长有一半都是贸易政策不确定性的减少所贡献的。Handley和Limão(2014)研究中美贸易政策不确定性对中国出口贸易的影响，发现中国加入WTO降低了美国对中国关税的不确定性，促进了中国对美国出口的增长。Handley和Limão(2015)通过动态的异质性企业模型进一步表明，当贸易政策不确定时，对出口市场的投资和进入都是下降的，并且即使贸易壁垒较低时，贸易协定也能促进出口商的出口。运用葡萄牙加入欧共体的数据进行实证研究，发现贸易政策不确定性会影响预期增长，而加入欧共体这一行为降低了未来偏好的不确定性，从而促进了葡萄牙出口企业数量和销售份额的增长。

Ludema和Yu(2014)将关税传导与新新贸易理论的异质性企业模型结合，研究了企业异质性、产品质量差异对关税传导的影响，并进行了实证检验。

Beestermoller等(2015)研究了非关税贸易壁垒会增加贸易的不确定性对企业出口行为的影响。由于边境拒收导致的不确定性增加，使得中国出口鲜活农产品企业在欧盟的市场份额由小企业向更有效率的企业转移。

Crowley等(2016)对关税政策不确定性与中国出口企业扩展边际的关系进行了研究，得到在未来关税递增的不确定性下，中国企业不愿进入那些在相关产品上增加关税的国家或地区市场，并且当世界上其他国家或地区对相关产品提高关税时，中国企业也不愿意进入一个新的国家或地区市场。

Pierce和Schott(2016)通过将欧盟和中国之间与中美之间的贸易对比，发现中国加入WTO降低了关税不确定性，增加了中国向美国的出口，但是未改变贸易政策的欧盟并没有类似变化。

Feng、Li和Swenson(2016)指出中国加入WTO使中美贸易政策不确定性大幅下降，中国企业间的竞争加剧造成了中国出口的重新再分配(通过牺牲低生产率高价格的出口商，促进高生产率低价格的企业进入出口市场)。

佟家栋和李胜旗(2015)基于中国工业企业数据库和中国海关数据库(2000—2006年)的数据，从微观产品层面研究了贸易政策不确定性对企业产品创新的影响，发现不确定性的降低显著提高了出口企业的产品创新。对于外贸企业、加工贸易及进入企业而言，贸易政策不确定性的影响更大，同时如果出口目的地是发达国家，效果更为明显，但贸易政策的作用有一定的时滞性。

徐卫章和李胜旗(2016)基于中国工业企业数据库和中国海关数据库(2000—2006年)的数据，从微观异质性企业层面验证了贸易政策不确定性的降低有利于提高出口企业的成本加成定价能力，但这种影响具有时滞性，会随着时间的推移而增强，随着地理距离的扩大而增强。

苏理梅等(2016)指出行业贸易政策不确定性下降幅度越大，则该行业产品出口质量下降幅度也越多，所以出口产品在贸易政策不确定性下降的影响下，短期内产品质量会整体下降。

蔡洁等(2017)采用2001—2013年中国出口到东盟的产品级数据来检验因中国—东盟自贸区的成立而降低的贸易政策不确定性对厂商出口决策及贸易流量的影响，得出结论：贸易政策不确定性对贸易的作用类似实施关税，但影响程度不及后者；贸易政策的影响具有时滞性，会随着时间增强。

黄亚钧和汪亚楠(2017)采用2000—2006年工业企业数据库和中国海关数据库的数据，运用DID实证研究发现WTO政策效应在2003年开始发挥影响，关税减免对企业出口表现显著，贸易政策不确定性提高了企业出口表现对于关税减免的变化弹性。

汪亚楠和周梦天(2017)运用2000—2006年工业企业数据库和海关数据库的数据，将贸易政策不确定性引入研究，运用DID方法研究发现：WTO政策效应在2004年开始显现，关税减免对出口分布作用显著。

综上所述，国外学者研究表明：经济政策和贸易政策不确定性对出口有负面影响，降低关税不确定性能降低出口门槛，增加出口量，实现出口的再分配；另外，关税及其不确定性是会传导的，关税对国内经济的保护作用在各个国家可能不同。国内学者研究了不确定性对企业产品创新的影响、对成本加成定价的影响、对产品质量的影响等；研究内容比较广泛，但整体文献较少。大多数学者认为降低政策不确定性会提高出口。文献研究所用数据的期间大多是2000—2006年，但是政策不确定性变化比较大的是2007年以后，后续章节实证研究时会分2000—2006年和2007—2013年进行对比。

第四节 现有文献评述

通过文献的归纳整理，发现国内外文献围绕贸易政策不确定性和企业出口之间的关系进行了细致的研究，得出了很多具有启发性的结论。同时，还有一些方面的研究不足，主要表现在五个方面：

（一）过于强调“风险”和“剩余不确定性”的区分

以奈特为首的学者们大多认同“风险”是可预见的，而“剩余不确定性”是真正的不确定性，是不可预见的。但是，“风险”和“剩余不确定性”的划分却具有历史性和主观性。不确定性是客观存在的，不同个体对信息的接受和加工存在差异。正如霍利所说的，“一定风险承担的精算值对于不同的企业家来说是不同的，原因在于他们的能力和环境是不同的”。这种不同在信息时代来临之前，由于人们将风险从不确定性中分离出来的能力较弱，并且当时社会科学技术不发达，人们普遍教育水平不高，因此在应对不确定性方面的差异不大，更多的不确定性被划入“剩余不确定性”中。但随着时代的发展、信息技术的成熟，个体的信息处理能力的差异逐渐扩大，企业管理层素质、企业家个人阅历都存在很大的差异。因此，当应对不确定性的主体差异巨大的情况下，凯恩斯只承认不确定性不承认风险的观点，在某种意义有一定的合理性。

（二）不确定性测度方法不科学

自19世纪初富兰克·H. 奈特(Frank H. Knight)明确地提出

"不确定性"这个概念后，主流的经济学家根据能否用统计手段估量，将不确定性区分为"风险"和"剩余不确定性"。并一致认为"剩余不确定性"无法通过统计手段获知其概率分布。尽管"剩余不确定性"无法通过过去的经验推断未来的结果，但是这并不代表它就不适合通过估值的方式要求补偿。与风险估值相关的理论有风险收益理论。Marschak(1938)和Hicks(1946)提出了风险溢价的概念，认为人们承担风险就期望得到相应的收益作为补偿。但令人惊讶的是，绝大多数文献没有将风险收益理论运用到贸易政策不确定性的估值中去。

(三)缺少贸易政策不确定性与关税传导文献相联系

尽管学者们通过理论和实证，运用多国数据验证了贸易政策不确定性对出口之间的负向影响，但鲜少有文献将贸易政策不确定性与关税吸收的理论联系起来。理论上，进口国征收的关税并不完全能增加到进口产品的价格上，有一部分被出口国吸收。同样的，当进口国降低关税时，进口商品的价格也不会下降太多，有一部分也会被出口国吸收，在出口时加价。关税吸收理论也经受住了多国数据的检验。Kreinin(1961)研究表明美国在日内瓦回合谈判中降低的关税，有超过2/3被外国对美国的出品商吸收，转化为外国对美国出口商品税前价格的提高。贸易双方对关税的吸收比例是有差异的，这不仅取决于贸易双方在某个产品的国内市场的供需曲线，还取决于贸易双方综合国力的考量。这些差异决定了关税及其被估值的贸易政策不确定性是如何通过价格机制在两个国家间分摊，并由此影响销售量进而影响企业绩效。并且还必须认识到不同于关税，差异化的主体对贸易政策不确定性的估值会有不同。

(四)缺乏系统的理论基础

研究贸易政策不确定性对企业出口的影响，应该从多个维度、多个视角来研究。贸易政策不确定性是一个很新的问题，现有文献主要关注贸易政策不确定性对出口的影响，但少有文献从关税不完全传导的视角将贸易政策不确定性纳入研究，在贸易双方关税吸收比例不同的情况下，研究贸易政策不确定性对出口议价的影响，进而影响销量和利润。多数学者在宏观或者产品层面，在研究区域贸易协定时研究贸易政策不确定性对国家、行业或者产品的影响，很少有学者在企业层面研究贸易政策不确定性带来的影响。并且，在研究贸易政策不确定性对企业出口的影响时集中在每个单一的方面，没有综合考虑出口退税政策对贸易政策不确定性的影响，缺少研究的系统性。如果能够从多维度的视角去综合考虑会得到更为全面的分析结果。

（五）研究数据相对滞后

自 2008 年金融危机后，世界经济波动明显，发达国家为了保护国内经济发展，频繁调整贸易政策，使贸易政策不确定性对世界经济的影响日益明显。但是，现有文献中对中国微观企业层面的研究主要依据 2000—2006 年的数据，贸易政策不确定性变化比较大的 2008 年之后的数据却鲜有被研究。

国内外学者有对特殊事件前后的贸易政策不确定性的巨变进行研究，比如葡萄牙加入欧共体（1986 年）事件（Handley and Limão，2013）、澳大利亚实施 WTO 成员国的关税约束承诺（1993—2001 年）事件（Handley，2014）、中国加入 WTO（2001 年）事件（Handley and Limão，2013；Handley and Limão，2014；Feng et al，2014；Pierce and Schott，2016）。可以看出这些事件都已时代久远，用过于陈旧的数据无法说明现代的情况。

第二章　不确定性对企业出口的影响理论分析

本章的主要工作包括：第一，通过关税不完全传导的性质，分析进口国关税的调整对出口国企业出口价格制定的影响，并从贸易双方的视角分析关税不完全传导对贸易双方的影响。在分析行业内供给与需求的同时考虑到竞争对手的影响，并将不确定性引入模型。第二，分析关税政策对贸易双方福利的影响及贸易政策不确定性对贸易双方福利的影响。第三，按照风险收益理论计算调整后的关税成本，将其引入异质性企业模型，运用异质性企业模型分析进口国的贸易政策不确定性对出口企业绩效的作用机制；推导贸易政策不确定性对企业出口选择门槛的影响及贸易政策不确定性对企业出口影响的异质性，并根据理论分析提出待验证的理论假说。

第一节　贸易双方的价格博弈

本书研究的贸易政策不确定性，这里的贸易政策仅指从价关税政策。因此，要研究贸易政策不确定性就必须首先研究关税对贸易的影响。通过研究单一行业中的供给和需求，考察关税在出口国和进口国之间的吸收状况。

一、基本框架的构建

本书构建一个基本的供需模型来衡量关税如何影响单一行业内的贸易。假设世界由两个国家组成：A 国为出口国，B 国为进口国。A 国和 B 国都生产、消费 C 产品。在没有贸易的情况下，B 国 C 产品在国内均衡点上的价格比 A 国国内均衡点上的价格高。我们先来观察 A 国贸易及其出口供给曲线(见图 2-1)。

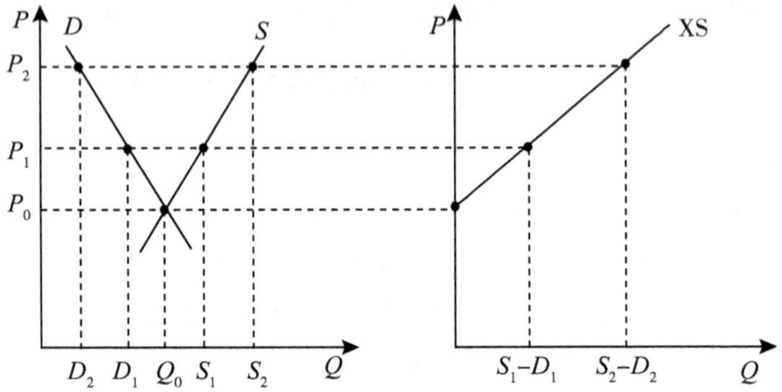

图 2-1　A 国出口供给曲线的推导

从图 2-1 左边可以看出 A 国国内的供需情况。

我们假设 $a>0$，$b>0$，$e>0$，$c\geqslant 0$，$d\geqslant 0$，$f\geqslant 0$，则 A 国的供求曲线为：

供给 S：$P_S = a \cdot Q_S + b$　　(2-1)

需求 D：$P_D = -c \cdot Q_D + d$　　(2-2)

当 $P = P_0$ 时，则：$P_S = P_D = P_0$，$Q_S = Q_D = Q_0$。

联立方程(2-1)式和(2-2)式得：

$$\begin{cases} P_0 = \dfrac{ad+bc}{a+c} \\ Q_0 = \dfrac{d-b}{a+c} \end{cases}$$

当价格上升到 P_1 时，有：

$$\begin{cases} Q_S = S_1 = \dfrac{P_1 - b}{a} \\ Q_D = D_1 = \dfrac{d - P_1}{c} \end{cases}$$

A 国国内的供需平衡点的价格为 P_0，当价格提高到 P_1 时，会使国内的供给增加，使国内的需求降低，即：产生了（$S_1 - D_1$）个单位的国内供需差额用于出口。而当价格增加到 P_2 时，会使国内的供给进一步增加，使国内的需求进一步降低，即：产生了（$S_2 - D_2$）个单位的国内供需差额用于出口。

假设 A 国的出口供给曲线 XS 为：$P_{XS} = e \cdot Q_{XS} + f$ （2-3）

使 $P = P_0$，即 $\left(\frac{ad+bc}{a+c}, 0\right)$ 和 $P = P_1$，将 $\left(P_1, \frac{ad+bc-aP_1-cP_1}{ac}\right)$ 代入(2-3)式中，可求出 A 国的出口供给曲线 XS：

$$\text{XS}: P = \frac{ac}{a+c} \cdot Q_{XS} + \frac{ad+bc}{a+c} \quad (2\text{-}4)$$

出口供给曲线如图 2-1 右边所示。

我们再来观察 B 国贸易及其进口需求曲线(见图 2-2)。

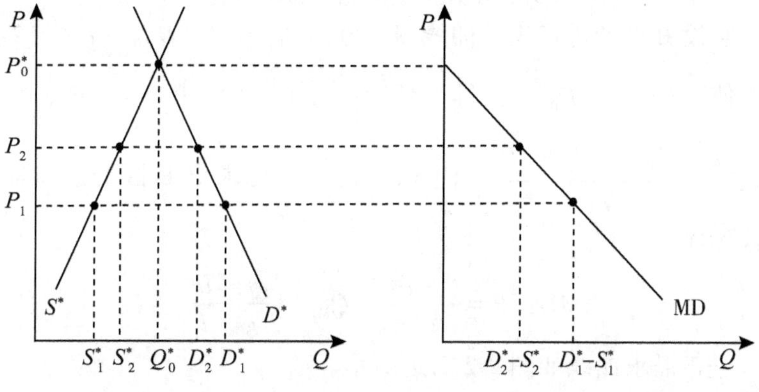

图 2-2 B 国进口供给曲线的推导

我们假设 $g > 0$，$h > 0$，$k > 0$，$i \geqslant 0$，$j \geqslant 0$，$l \geqslant 0$，则 B 国的供求曲线为：

供给 S^*：$P_S^* = g \cdot Q_S^* + h$ （2-5）

需求 D^*：$P_D^* = -i \cdot Q_D^* + j$　　(2-6)

当 $P = P_0^*$ 时，则：$P_S^* = P_D^* = P_0^*$，$Q_S^* = Q_D^* = Q_0^*$。

则联立方程(2-5)式和(2-6)式得：

$$\begin{cases} P_0^* = \dfrac{gj + ih}{g + i} \\ Q_0^* = \dfrac{j - h}{g + i} \end{cases}$$

当价格下降到 P_2 时，有：

$$\begin{cases} Q_S^* = S_2^* = \dfrac{P_2 - h}{g} \\ Q_D^* = D_2^* = \dfrac{j - P_2}{i} \end{cases}$$

B 国国内的供需平衡点的价格为 P_0^*，当价格下降到 P_2 时，会使国内的供给降低，使国内的需求增加，即：产生了 $(D_2^* - S_2^*)$ 个单位的国内供需差额用于进口。而当价格下降到 P_1 时，会使国内的供给进一步降低，使国内的需求进一步增加，即：产生了 $(D_1^* - S_1^*)$ 个单位的国内供需差额进口来满足。

假设 B 国的进口需求曲线 MD 为：$P_{\mathrm{MD}} = -k \cdot Q_{\mathrm{MD}} + l$　　(2-7)

使 $P = P_0^*$，即 $\left(\dfrac{gj + ih}{g + i}, 0\right)$ 和 $P = P_2$，将 $\left(P_2, \dfrac{gj + hi - gP_2 - iP_2}{ig}\right)$ 代入(2-7)式，可求出 B 国的进口需求曲线 MD：

$$\mathrm{MD}: P = -\frac{gi}{g + i} \cdot Q_{\mathrm{MD}} + \frac{gj + ih}{g + i} \quad (2\text{-}8)$$

进口需求曲线如图 2-2 右边所示。

图 2-1 的右边和图 2-2 的右边叠加成国际贸易的供需平衡。即：处于 A 国出口供给和 B 国进口需求相等的均衡状态。此时，A 国供给－A 国需求＝B 国需求－B 国供给。

二、关税对贸易双方的价格影响

在讨论关税对贸易双方的影响时，依然假设世界由两个国家组成：A 国为出口国，B 国为进口国。A 国和 B 国都生产、消费 C 产品。在没有贸易的情况下，B 国 C 产品的价格比 A 国高。因此 A 国有了向 B 国出口 C 产品的动机。但是，A 国的 C 产品进入 B 国市场会对 B 国生产 C 产品的厂商造成挤压，使 B 国 C 产品的市场价格下跌。虽然 C 产品的市场价格下跌使 B 国消费者得到了福利，但却给 B 国生产 C 产品的厂商造成伤害，因此为了保护本国经济的发展，B 国对进口 C 产品征收关税 T。图 2-3 是图 2-1 和图 2-2 的组合，显示了两国是如何共同决定世界市场价格的。

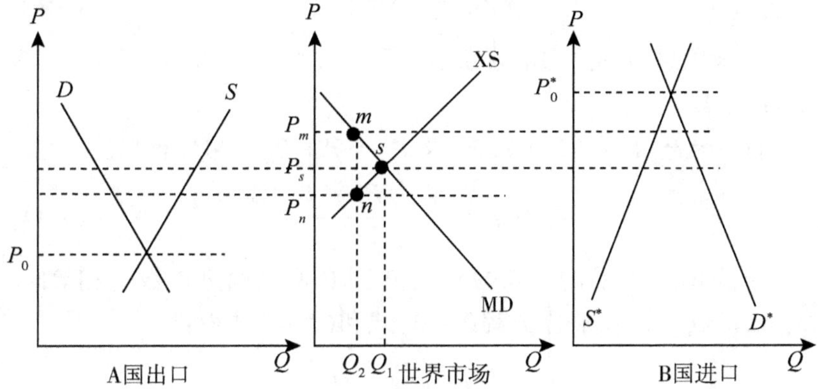

图 2-3　关税的影响

如图 2-3 所示，在 B 国没有征收关税的情况下，A 国出口供给曲线和 B 国进口需求曲线相交，形成的均衡价格为 P_s。P_n 是 A 国的出口价格，P_m 是 B 国征收关税 T 后进入 B 国市场的价格，即：$P_m - P_n = T$。

令 $\alpha = \dfrac{ac}{a+c}$，$\beta = \dfrac{gi}{g+i}$ 代入方程(2-4)式和(2-8)式并联立方程组得：

$$
\begin{cases}
\text{XS}：P = \alpha \cdot Q_{XS} + P_0 & (2\text{-}9) \\
\text{MD}：P = -\beta \cdot Q_{MD} + P_0^* & (2\text{-}10)
\end{cases}
$$

我们联立方程(2-9)式和(2-10)式，当不存在关税 T 时，世界市场的价格为均衡点 P_s，均衡点销量为 Q_1，即：

$$\begin{cases} P_s = \alpha \cdot Q_1 + P_0 & (2\text{-}11) \\ P_s = -\beta \cdot Q_1 + P_0^* & (2\text{-}12) \end{cases}$$

解方程得均衡点 (P_s, Q_1)，即：$\left(\dfrac{\alpha P_0^* + \beta P_0}{\alpha + \beta}, \dfrac{P_0^* - P_0}{\alpha + \beta}\right)$。

当 A 国出口价格为 P_n 时，点 n 在出口 A 国的出口供给曲线 XS 上。

将 $P = P_n$ 代入(2-9)式，可以得出：

$$Q_{XS} = \frac{P_n - P_0}{\alpha} \tag{2-13}$$

当 B 国进口到国内的含税价格为 P_m 时，点 m 在 B 国的进口需求曲线 MD 上。

将 $P = P_m$ 代入(2-10)式，又 $P_m = T + P_n$，可以得出：

$$Q_{MD} = \frac{P_0^* - P_n - T}{\beta} \tag{2-14}$$

当 A 国 C 产品的出口数量与 B 国 C 产品的进口数量相等时，即：$Q_{MD} = Q_{XS}$，则联立方程(2-13)式和(2-14)式得：

$$\begin{cases} P_n = \dfrac{\alpha P_0^* + \beta P_0}{\alpha + \beta} - \dfrac{\alpha T}{\alpha + \beta} & (2\text{-}15) \\ P_m = \dfrac{\alpha P_0^* + \beta P_0}{\alpha + \beta} - \dfrac{\beta T}{\alpha + \beta} & (2\text{-}16) \end{cases}$$

观察(2-15)式和(2-16)式可以看出：$\dfrac{\alpha P_0^* + \beta P_0}{\alpha + \beta}$ 就是无关税情况下的世界市场均衡点的价格。A 国的出口价格 P_n 是在无关税情况下世界均衡价格 P_s 的基础上因为吸收关税而降低了 $\dfrac{\alpha T}{\alpha + \beta}$，B 国进口到国内的含税价格 P_m 是在无关税情况下世界均衡价格 P_s 的基础上因为吸收关税而上升了 $\dfrac{\beta T}{\alpha + \beta}$，即关税 T 通过出口方 A 国和进口方 B 国按 $\dfrac{\alpha}{\beta}$ 的比例共同承担。

如果世界上只有 A、B 两个国家，则具体分摊比例取决于 α、β，即：在 A 国 C 产品的供需曲线非常陡峭(价格稍微变动并不会给数量带来很大变动)且供需曲线的陡峭程度较为一致，B 国 C 产品市场的供求曲线越平坦(价格稍微变动就会带来数量的更大变动)，且供需曲线的平坦程度差异越大时，A 国的出口企业才会承担更多的关税。而决定这种特征的主要因素是产品。

如果世界是由 m 个出口国和 n 个进口国组成，则世界均衡价格由出口国集合和进口国集合共同决定(见图 2-4)。

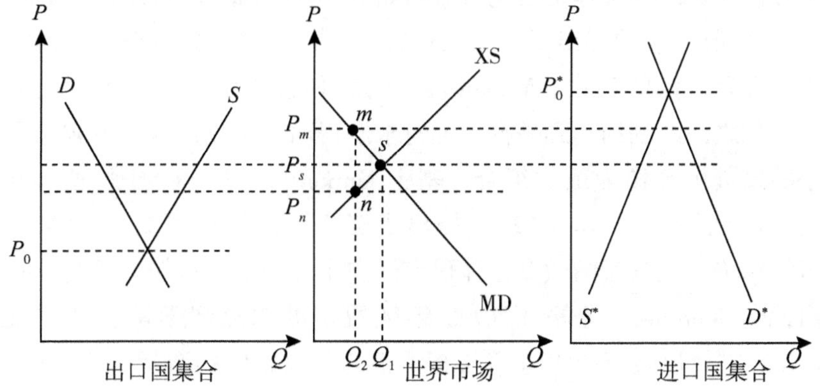

图 2-4　多个国家关税的影响

A 国作为出口国中的一员，能对出口国集合的供需曲线有多大影响取决于它在世界出口中所占的份额。同样，B 国作为进口国的一员，能对进口国集合的供需曲线有多大影响取决于它在世界进口中所占的份额。

三、贸易政策不确定性对贸易双方的影响

我们已经推导了关税对贸易双方定价的影响。并得出结论：即关税 T 通过出口方 A 国和进口方 B 国按 $\frac{\alpha}{\beta}$ 的比例共同承担。其

中，$\alpha = \frac{ac}{a+c}$，$\beta = \frac{gi}{g+i}$。这反映了关税的分担比例由贸易双方供求曲线的斜率决定。A 国的 C 产品出口价格为 P_n，缴纳关税 T 后进入 B 国销售时售价为 P_m，A 国价格的下降幅度和 B 国价格的上升幅度之和等于征收的关税。接下来，我们分析以关税变化为基础的贸易政策不确定性对贸易双方的影响。

风险收益理论最早是由 Fisher(1906)提出的，使用概率分布来描述资产未来收益的不确定性。Marschak(1938)和 Hicks(1946)提出了风险溢价的概念，认为人们承担风险就期望得到相应的收益作为补偿。资产定价理论的定量分析始于 Markowits(1952)的“证券投资组合理论”。他提出了一套完整的“均值—方差”分析框架，建立了投资者行为的范式。Markowits(1952)使投资多样化和预期收益最大化之间的制约达到平衡，通过求解得出一定收益水平下方差最小的投资组合作为最优组合。基于 Markowitz(1952)的“均值—方差”分析框架，Sharpe(1964)提出了资本资产定价模型(CAPM)，将针对单个投资者的微观主体研究转向了关于整个市场的研究，并由此与 Markowitz 分享了 1990 年度的诺贝尔经济学奖。可通过 CAPM 求解风险资产收益率与其承担的风险之间的数量关系，即：为了补偿风险，投资者应该获得多少报酬。因此，本节将贸易政策不确定性引入关税对贸易双方的影响中。

本节的以上研究证明了关税对贸易双方定价的影响，我们加入贸易政策不确定性(TPU)这个变量，根据风险收益对等原则，关税的不确定相当于关税的实际价值提高，即：$T' = T \cdot (1+\gamma)$，其中 $\gamma \geqslant 0$。当 $\gamma = 0$ 时表示关税是确定的。

根据以上推导，加入贸易政策不确定性(TPU)变量后，$\frac{\alpha P_0^* + \beta P_0}{\alpha + \beta}$ 仍然是无关税情况下的世界市场均衡点的价格。A 国的出口价格 P_n 是在无关税情况下世界均衡价格 P_s 的基础上因为吸收关税而降低 $\frac{\alpha T'}{\alpha + \beta}$，B 国进口到国内的含税价格 P_m 是在无关税情

况下世界均衡价格 P_s 的基础上因为吸收关税而上升 $\frac{\beta T'}{\alpha+\beta}$，即关税 T' 通过出口方 A 国和进口方 B 国按 $\frac{\alpha}{\beta}$ 的比例共同承担。所以贸易政策不确定性的存在不改变贸易双方对关税的承担比例，具体分摊比例仍旧取决于 α、β，即：在 A 国 C 产品的供需曲线非常陡峭(对价格不敏感)且供需曲线的陡峭程度较为一致，B 国 C 产品市场的供求曲线越平坦(对价格敏感)，且供需曲线的差异越大时，A 国的出口企业才会承担更多的关税。而决定这种特征的主要因素仍是产品。

第二节　贸易双方的福利分析

本节首先分析关税对贸易双方福利的影响，其次分析贸易政策不确定性对贸易双方福利的影响。

一、关税对贸易双方福利的影响

本章第一节已经推导了关税对贸易双方定价的影响。并得出结论：即关税 T 通过出口方 A 国和进口方 B 国按 $\frac{\alpha}{\beta}$ 的比例共同承担。其中，$\alpha=\frac{ac}{a+c}$，$\beta=\frac{gi}{g+i}$。这反映了关税的分担比例是由贸易双方供求曲线的斜率决定的。我们通过消费者剩余和生产者剩余来分析关税的成本和收益：关税会使出口国的消费者获益，进口国的消费者受损。政府通过征收关税可以获得收益。

我们首先假设本国价格和世界市场价格一致的情况下，分析关税对出口国 A 国的福利影响，如图 2-5 所示。

从图 2-5 可以看出引入关税后出口国 A 的福利情况：

消费者所得是 $a+b$；

生产者损失是 $a+b+c+d+e$；

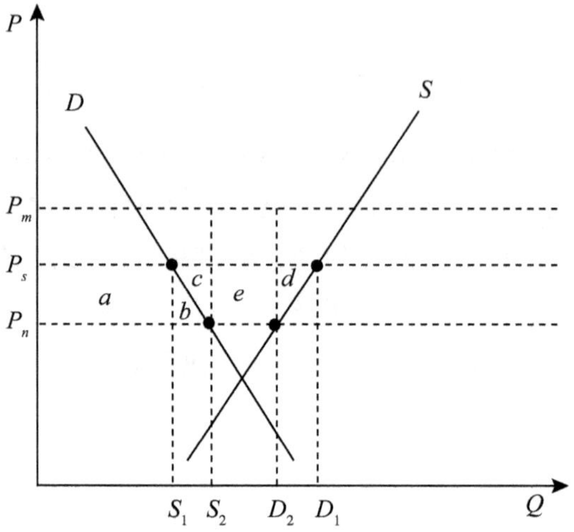

图 2-5　出口国 A 福利分析

关税是进口国征收的，因此出口国没有政府税收收入，此时出口国 A 国的整体福利为总损失为 $c + d + e$。

还有一种情况，如果货物流动没那么容易，国内外市场是割裂的，有可能出口国 A 国 C 产品的国内价格不变，仅降低出口部分的价格，则总损失为 e。这样做明显损失更小。

其次，我们研究关税对进口国 B 国的福利影响。从 A 国出口到 B 国市场的 C 产品价格必须和 B 国国内 C 产品的价格一致。分析关税对进口国 B 国的福利影响，如图 2-6 所示。

从图 2-6 可以看出：

消费者损失是 $a + b + c + d$；

生产者所得是 a；

政府税收是 $c + e$。

此时，进口国 B 整体的福利收益为 $e - b - d$。

总之，关税对出口国而言，福利是减少的，但因为本国可以不随世界市场的价格调整价格（联想公司出口电脑的价格就低于内

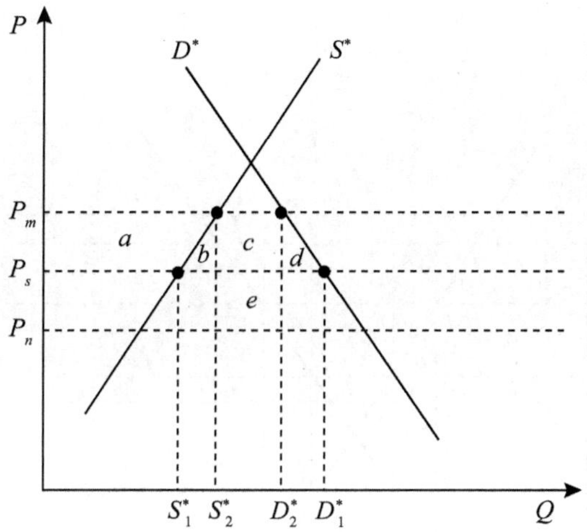

图 2-6　进口国 B 福利分析

销)，所以减少的数额较小，仅为 e。但是对进口国而言，社会福利的影响是不确定的。进口国 B 整体的福利收益为 $e-b-d$，最终是收益还是损失则取决于：关税降低的 A 国 C 产品的出口价格所造成的贸易条件的改善是否大于因为关税扭曲了消费和生产的动因造成的效率损失。即：进口国征收关税是否会增加本国福利，除了与本国的供求曲线相关，还取决于出口国对价格的让步程度，如果让步较少则最终会造成整体福利的损失。

二、贸易政策不确定性对贸易双方福利的影响

我们推导了关税对贸易双方福利的影响。我们加入贸易政策不确定性(TPU)这个变量，即：$T'=T\cdot(1+\gamma)$，其中 $\gamma\geqslant 0$。接下来分析贸易政策不确定性对贸易双方福利的影响。

我们首先假设本国价格和世界市场价格一致的情况下，分析加入 TPU 后出口国 A 国的福利的变化，如图 2-7 所示。

从图 2-7 可以看出：出口国 A 的福利情况如表 2-1 所示。

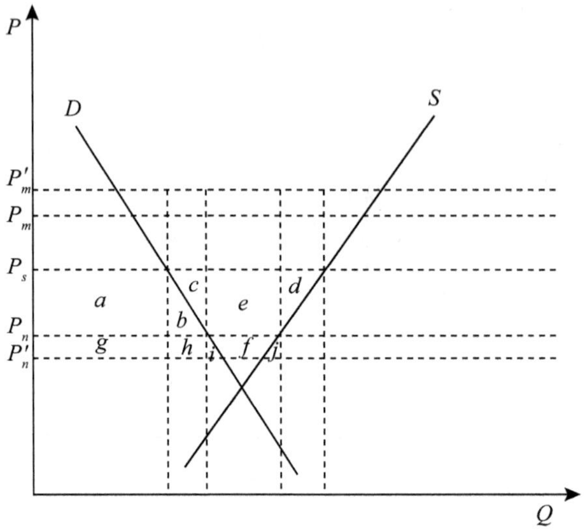

图 2-7　出口国 A 福利分析

表 2-1　引入 TPU 前后 A 国福利比较(本国价格与世界价格一致)

福利分析	引入 TPU 前	引入 TPU 后
消费者剩余	增加 $a+b$	增加 $a+b+g+h+i$
生产者剩余	减少 $a+b+c+d+e$	减少 $a+b+c+d+e+f+g+h+i$
国家整体福利	减少 $c+d+e$	减少 $c+d+e+f$

资料来源：作者分析填列。

如果国内外市场是割裂的，在没引入 TPU 之前 A 国整体福利总损失为 e，引入 TPU 后 A 国整体福利总损失为 $e+f+i+j$。

其次，我们研究进口国 B 国的福利。从 A 国出口到 B 国市场的 C 产品价格必须和 B 国国内 C 产品的价格一致。分析进口国 B 国的福利，如图 2-8 所示。

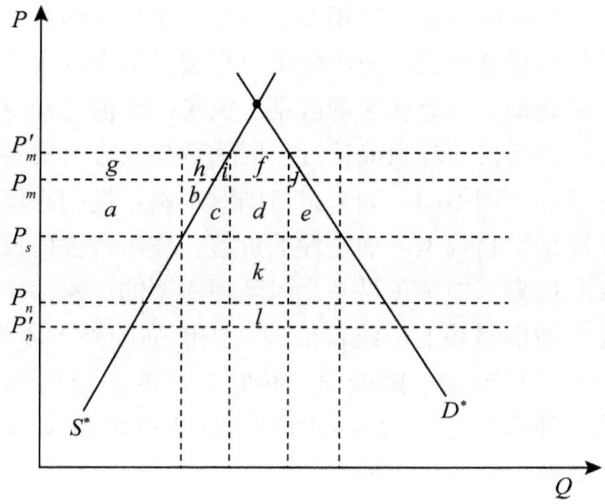

图 2-8　进口国 B 福利分析

表 2-2　　**引入 TPU 前后 B 国福利比较**

福利分析	引入 TPU 前	引入 TPU 后
消费者剩余	减少 $a+b+c+d+e$	减少 $a+b+c+d+e+f+g+h+i+j$
生产者剩余	增加 $a+b$	增加 $a+b+g+h$
政府关税	增加 $d+k$	增加 $d+k+f+l$
国家整体福利	增加 $k-c-e$	增加 $k+l-c-e-i-j$

从表 2-2 中可以看出，对进口国而言，贸易政策不确定性和关税一样，本国整体福利是不确定的。可以确定的是：贸易政策不确定性会减少消费者剩余、增加生产者剩余、增加政府关税收益。并且，我们可以发现，引入贸易政策不确定性后，消费者剩余的减少和生产者剩余的增加之间的差距会进一步拉大。最终是收益还是损失则取决于：降低的 A 国 C 产品的出口价格所造成的贸易条件的改善是否大于因为扭曲了消费和生产的动因造成的效率损失。

但这里存在一个问题，贸易双方对贸易政策不确定性的估值可能不同。进口国征收的关税及其不确定性带来的估值是否会增加本国福利除了与本国的供求曲线相关，还取决于出口国对价格的让步程度，这种让步程度和我们分析的关税在贸易双方的吸收比例基本是相同的，但是却有一个明显的区别，关税的价值是确定的，而贸易政策不确定性的价值却只能估计。因为贸易双方对贸易政策不确定性估值的差异可能不同。如果出口国对不确定性的态度是回避型的，就可能高估贸易政策不确定性的价值，作出过度的反应，造成进一步的福利损失。中国正是一个风险回避型的国家，中国人民在历史上都有着做事稳妥的传统价值观。当面临国外市场不确定时，很可能会降低出口数量、降低出口价格、改变出口选择而偏向内销。那么，哪种商品在转为内销时最可能不降低本国市场的价格呢？是本身就存在大量进口的商品。

因此本书提出三个假说：

假说一：贸易政策不确定性增大会降低企业出口额，最终降低出口企业的利润。

假说一的逻辑在于，贸易政策不确定性增大会加大出口产品的成本，根据风险收益理论必然提高产品价格，造成销售数量下降，最终降低企业利润。

假说二：贸易政策不确定性对出口的影响存在异质性。

假说二的逻辑在于，贸易政策不确定性和关税一样需要被贸易双方分摊，分摊比例与供给和需求市场的供需曲线有关，当出口国国内市场供给曲线较缓、进口国需求曲线较陡峭时，贸易政策不确定性对出口的影响就小。

假说三：世界出口占比低的国家只是价格的接受者，在分摊关税上没有议价权，因此贸易政策不确定性造成的影响更大。

假说三的逻辑在于，假设A国作为出口国中的一员，能对出口国集合的供需曲线有多大影响取决于它在世界出口中所占的份额。同样，B国作为进口国的一员，能对进口国集合的供需曲线有多大影响取决于它在世界进口中所占的份额。因此，世界出口占比低的国家对世界供给曲线影响较小，同样，世界进口占比低的国家也对世界需求曲线影响较小。它们只是价格的接受者，在分摊关税上没有议价权，因此贸易政策不确定性造成的影响更大。

第三节　贸易政策不确定性与资源再配置分析

前两节分析了关税政策、贸易政策不确定性对贸易双方的价格及福利影响。通过分析发现贸易政策不确定性对贸易双方的影响与关税对贸易双方的影响既相似又不同。相似的是关税和贸易政策不确定性在贸易双方分摊的比例是相同的，都是取决于贸易双方的供需曲线。但是贸易双方对贸易政策不确定性的估值却受多种因素的影响，显示出一定的复杂性。当面临国外市场不确定性时，不确定性回避型国家很可能通过降低出口数量、增加出口种类、提高出口价格、改变出口选择转为内销等方式回避不确定性。本节利用Melitz(2003)的企业异质性模型来研究贸易政策不确定性对企业层面的资源配置。

Melitz(2003)将Hopenhayn(1992)的动态产业模型引入一般均衡框架下的垄断竞争模型中，并在Krugman(1980)的贸易模型中引入企业异质性。在Melitz(2003)之前的理论都是假设在完全竞争的市场下对行业层面进行研究，将企业视为同质。Melitz(2003)模型假设在更为符合实际的垄断竞争市场上，引入生产率差异，认为企业的生产率是异质的，拥有高生产率才能承担国外市场不可撤销的初始进入成本，并且同时拥有国内、国外市场而获利；如果生产率次之则无法承担国外市场不可撤销的初始进入成本，只能内销，并且由于开放市场，内销市场还被进口产品所蚕食，因此境况更不如封闭市场；生产率最低的企业则只能退出市场。通过优胜劣汰，最终带来整体市场生产率的提升。Melitz模型为企业层面的研究提供了工具，本书对模型进行推导时在流冰成本中加入关税、贸易政策不确定性、出口退税率指标。

本书沿用Melitz模型的五大经典假设：市场是垄断竞争的；产品之间的替代弹性外生给定；企业生产率初始不确定；企业拥有相同的不可撤销的初始进入成本f_e；企业拥有相同的生存概率δ。

一、需求分析

设代表性消费者具有 CES 型效用函数，可供选择的商品有 n 种，$U=\left[\int_0^n q\ (\omega)^{\rho}\mathrm{d}\omega\right]^{\frac{1}{\rho}}$，其中 $0<\rho<1$ 说明商品之间可替代，并且任意两种商品间的替代弹性为 $\sigma=\dfrac{1}{1-\rho}$，则 $\sigma>1$，即消费者偏好多样化的商品。通过考虑把消费的商品集看作是和总价格相关的总产品，则有 $Q\equiv U$。

消费者预算约束：$L=U+\lambda(R-\int_0^n p(\omega)q(\omega)\mathrm{d}\omega)$

在预算约束下对 $q(\omega_i)$ 一阶求导得：

$$L'_{q(\omega_i)}=q\ (\omega_i)^{\rho-1}(\int_0^n q\ (\omega)^{\rho}\mathrm{d}\omega)^{\frac{1}{\rho}-1}-\lambda p(\omega_i)$$

令 $L'_{q(\omega_i)}=0$ 得：

$$q\ (\omega_i)^{\rho-1}(\int_0^n q\ (\omega)^{\rho}\mathrm{d}\omega)^{\frac{1}{\rho}-1}=\lambda p(\omega_i) \tag{2-17}$$

$$q\ (\omega_j)^{\rho-1}(\int_0^n q\ (\omega)^{\rho}\mathrm{d}\omega)^{\frac{1}{\rho}-1}=\lambda p(\omega_j) \tag{2-18}$$

(2-17)式和(2-18)式两式相除得：

$$\left[\frac{q(\omega_j)}{q(\omega_i)}\right]^{\rho-1}=\frac{p(\omega_i)}{p(\omega_j)} \tag{2-19}$$

即：在弹性约束下，价格与数量呈反比，替代弹性越大，价格变动引起的数量变动就越大。

将(2-19)式变形得：

$$q(\omega_i)=\frac{p\ (\omega_i)^{\frac{1}{\rho-1}}}{p\ (\omega_j)^{\frac{1}{\rho-1}}}q(\omega_j) \tag{2-20}$$

两边乘幂次得：

$$q\ (\omega_i)^{\rho}=\frac{p\ (\omega_i)^{\frac{\rho}{\rho-1}}}{p\ (\omega_j)^{\frac{\rho}{\rho-1}}}q\ (\omega_j)^{\rho}$$

两边积分后加幂得：

$$\left(\int_0^n q(\omega_i)^\rho \mathrm{d}\omega_i\right)^{\frac{1}{\rho}} = p(\omega_j)^{\frac{1}{\rho-1}} q(\omega_j) \left[\int_0^n p(\omega_i)^{\frac{\rho}{\rho-1}} \mathrm{d}\omega_i\right]^{\frac{1}{\rho}}$$

令 $P = \left[\int_0^n p(\omega)^{\frac{\rho}{\rho-1}} \mathrm{d}\omega\right]^{\frac{\rho-1}{\rho}}$，而 $\left[\int_0^n q(\omega_i)^\rho \mathrm{d}\omega_i\right]^{\frac{1}{\rho}} \equiv U \equiv Q$，$\sigma = \frac{1}{1-\rho}$，则消费者最优消费数量为：

$$\frac{q(\omega)}{Q} = \left[\frac{p(\omega)}{P}\right]^{-\sigma} \tag{2-21}$$

将(2-20)式两边同乘 $p(\omega_i)$ 得：

$$p(\omega_i) q(\omega_i) = \frac{p(\omega_i)^{\frac{\rho}{\rho-1}}}{p(\omega_j)^{\frac{1}{\rho-1}}} q(\omega_j)$$

两边积分得：

$$\int_0^n p(\omega_i) q(\omega_i) \mathrm{d}\omega_i = \frac{q(\omega_j)}{p(\omega_j)^{\frac{1}{\rho-1}}} \int_0^n p(\omega_i)^{\frac{\rho}{\rho-1}} \mathrm{d}\omega_i \tag{2-22}$$

因为左边积分等于 R，将 $P = \left[\int_0^n p(\omega)^{\frac{\rho}{\rho-1}} \mathrm{d}\omega\right]^{\frac{\rho-1}{\rho}}$ 代入(2-22)式得：

$$\frac{q(\omega_j)}{R} = \frac{p(\omega_j)^{\frac{1}{\rho-1}}}{P^{\frac{\rho}{\rho-1}}},$$

因为 $R=PQ$，则：

$$\frac{q(\omega)}{Q} = \left[\frac{p(\omega)}{P}\right]^{-\sigma}$$

因为 $r(\omega) = p(\omega) q(\omega)$，两边同乘 $p(\omega_i)$ 得：

$$\frac{p(\omega_j) q(\omega_j)}{R} = \frac{p(\omega_j)^{\frac{\rho}{\rho-1}}}{P^{\frac{\rho}{\rho-1}}}$$

则支出结构为：

$$\frac{r(\omega)}{R} = \left[\frac{p(\omega)}{P}\right]^{1-\sigma} \tag{2-23}$$

即：价格在弹性约束下与收入呈反比，替代弹性越大，价格变动引起的收入变动就越大。

二、生产分析

假设市场是垄断竞争的，企业选择生产差异化产品，生产只耗用劳动力一种要素，以总水平 L 无限供给，假设所有企业具有相同的固定成本，则企业成本函数为：

$$l = f + \frac{q}{\varphi}$$

其中 f 为固定成本，q 是生产量，φ 是生产率。

根据厂商利润最大化，产品的边际成本加成率为 $\frac{1}{\rho}$，将工资标准化为 1，则：

$$p(\varphi) = \frac{1}{\rho\varphi}$$

企业收益为：
$$r(\varphi) = R\ (P\rho\varphi)^{\sigma-1} \tag{2-24}$$

利润为：
$$\begin{aligned}\pi(\varphi) &= r(\varphi)/\sigma - f \\ &= \frac{R}{\sigma}\ (P\rho\varphi)^{\sigma-1} - f\end{aligned} \tag{2-25}$$

因为(2-19)式，则 $\left[\frac{q(\omega_i)}{q(\omega_j)}\right]^{\rho-1} = \frac{p(\omega_i)}{p(\omega_j)}$。

将 $p(\varphi) = \frac{1}{\rho\varphi}$ 代入(2-25)式得：

$$\frac{q(\omega_i)}{q(\omega_j)} = \left[\frac{\varphi_j}{\varphi_i}\right]^{\frac{1}{\rho-1}} \tag{2-26}$$

即：生产率越高，企业定价越低，产品销售数量越大，收益也越大。

则有：
$$\frac{r(\varphi_i)}{r(\varphi_j)} = \left[\frac{\varphi_i}{\varphi_j}\right]^{\sigma-1} \tag{2-27}$$

三、市场均衡分析

假设市场有 M 家企业，因为每家企业生产一种产品，所以总

共有 M 种产品。企业变动成本外生，且服从（0，∞）上某种形式的分布 $\mu(\varphi)$。则产品的加总价格指数可以定义为：

$$P = \left[M\int_0^{\infty} p\,(\varphi)^{1-\sigma}\mu(\varphi)\,\mathrm{d}\varphi\right]^{\frac{1}{1-\sigma}} \tag{2-28}$$

将 $p(\varphi)=\dfrac{1}{\rho\varphi}$ 代入(2-28)式，得：

$$P = M^{\frac{1}{1-\sigma}}p(\widetilde{\varphi}) \tag{2-29}$$

其中，$\widetilde{\varphi}=\left[\int_0^{\infty}\varphi^{\sigma-1}\mu(\varphi)\,\mathrm{d}\varphi\right]^{\frac{1}{\sigma-1}}$，$\widetilde{\varphi}$ 是全社会平均的生产率，可以作为典型企业的代表。

因为 $Q\equiv\left[\int_0^{n}q\,(\omega)^{\rho}\mathrm{d}\omega\right]^{\frac{1}{\rho}}$，加总得：

$$Q\equiv\left[M\int_0^{\infty} q\,(\varphi)^{\rho}\mu(\varphi)\,\mathrm{d}\varphi\right]^{\frac{1}{\rho}} \tag{2-30}$$

又 $q(\varphi)=q(\widetilde{\varphi})\left[\dfrac{\varphi}{\widetilde{\varphi}}\right]^{-\sigma}$ 代入(2-30)式得：

$$\begin{aligned}
Q&=\left[M\int_0^{\infty}\left[q(\widetilde{\varphi})\left(\frac{\varphi}{\widetilde{\varphi}}\right)^{-\sigma}\right]^{\rho}\mu(\varphi)\,\mathrm{d}\varphi\right]^{\frac{1}{\rho}}\\
&=M^{\frac{1}{\rho}}q(\widetilde{\varphi})\\
R&=PQ\\
&=Mr(\widetilde{\varphi})\\
\Pi&=M\pi(\widetilde{\varphi})
\end{aligned}$$

假设市场是垄断竞争的，企业变动成本外生且进入国外市场后才知道自己的生产率水平在整个行业的位置。整个行业生产率分布为 $g(\varphi)$，累积概率分布为 $G(\varphi)$。企业进入市场发现自己的生产率低于最低标准则立刻退出市场，生产率高于最低标准的则进入市场，然后企业将面临退出概率为 δ 的负面冲击。则企业在整个生命周期期望利润为：

$$\sum_{t=0}^{\infty}(1-\delta)^{t}\pi(\varphi)=\pi(\varphi)/\delta=\left[\frac{R}{\sigma}(P\rho\varphi)^{\sigma-1}-f\right]/\delta$$

当期望利润为正时，企业会选择继续出口。生产率的分布概率 $\mu(\varphi)$ 是初始分布概率 $g(\varphi)$ 的条件概率：

$$\mu(\varphi)=\begin{cases}\dfrac{g(\varphi)}{1-G(\varphi^{*})} & (\varphi>\varphi^{*})\\ 0 & (\varphi\leqslant\varphi^{*})\end{cases}$$

当生产率趋于无穷时，利润无穷大，当生产率趋向于0时，企业不会生产，则利润为0，这样就把最高生产率和平均生产率联系起来：

$$\tilde{\varphi}(\varphi^{*})=\left[\frac{1}{1-G(\varphi^{*})}\int_{\varphi^{*}}^{\infty}\varphi^{\sigma-1}g(\varphi)\,\mathrm{d}\varphi\right]^{\frac{1}{\sigma-1}}$$

初始生产率的分布在（0，∞）上，进入市场后，企业发现自己的变动成本水平，只有在（φ^{*}，∞）上的企业才会继续生产。

由于平均生产率由临界生产率决定，令 $\bar{r}\equiv r(\tilde{\varphi})$，$\bar{\pi}\equiv\pi(\tilde{\varphi})$，则：

$$r(\tilde{\varphi})=\left(\frac{\tilde{\varphi}}{\varphi^{*}}\right)^{\sigma-1}\cdot r(\varphi^{*})$$

$$\pi(\tilde{\varphi})=\left(\frac{\tilde{\varphi}}{\varphi^{*}}\right)^{\sigma-1}\cdot\frac{r(\varphi^{*})}{\delta}-f$$

根据 $\pi(\varphi^{*})=0$，所以 $r(\varphi^{*})=\delta\cdot f$ 代入 $\pi(\tilde{\varphi})=\left(\frac{\tilde{\varphi}}{\varphi^{*}}\right)^{\sigma-1}\cdot\frac{r(\varphi^{*})}{\delta}-f$，得出临界企业利润（ZCP）曲线为：

$$\pi(\tilde{\varphi})=\left[\left(\frac{\tilde{\varphi}}{\varphi^{*}}\right)^{\sigma-1}-1\right]\cdot f$$

临界点生产率的利润为0，即 $\pi(\varphi^{*})=0$，那么生存下来的企业，利润大于0，考虑外来负面冲击 δ 及进入成本 f_e 后，净价值必大于0，企业价值为：

$$v_e = \frac{1 - G(\varphi^*)}{\delta}\pi(\widetilde{\varphi}) - f_e$$

令 $v_e = 0$，则 $\overline{\pi} = \dfrac{\delta \cdot f_e}{1 - G(\varphi^*)}$ 为自由进入(FE)条件。

根据自由进入(FE)条件和临界企业利润(ZCP)为0的条件，联立方程得：

$$\begin{cases} \pi(\widetilde{\varphi})\left[\left(\dfrac{\widetilde{\varphi}}{\varphi^*}\right)^{\sigma-1} - 1\right]\cdot f & \text{ZCP} \\ \pi(\widetilde{\varphi}) = \dfrac{\delta \cdot f_e}{1 - G(\varphi^*)} & \text{FE} \end{cases}$$

得出交点 $(\varphi^*, \overline{\pi})$。

四、开放市场的均衡

国外市场的两组成本：一组是固定成本，比如进入成本；另一组是变动成本，比如运费。引用萨缪尔森的冰山理论，设定系数 $g < 1$ 为到达国外市场的系数。贸易政策确定性相当于增加了关税，而关税也可以考虑为流冰成本中的一种，即g更小了，将运费、关税及贸易政策不确定性共同设定为 $1 - g$，则：

$$g \cdot p_x(\varphi) = p_d(\varphi)$$

令 $1/g = \tau$，则 $p_x(\varphi) = \tau \cdot p_d(\varphi)$，从这里可以看到出口国外市场的价格提高了。

代入 $\dfrac{r(\varphi)}{R} = \left[\dfrac{p(\varphi)}{P}\right]^{1-\sigma}$ 中得：

$$r_x(\varphi) = \tau^{1-\delta} \cdot r_d(\varphi)$$

可以看出，出口国外市场的利润更小了。

因此本书提出两个理论假说：

假说四：出口目的地关税及贸易政策不确定性加高了出口的相对价格门槛；

假说五：出口目的地贸易政策不确定性降低了出口商品的生产率，抑制了出口企业的销量及利润。

第三章　数据来源及研究方法

第一节　数 据 来 源

本书研究所用的数据主要来自六个数据库：中国海关数据库、中国工业企业数据库、CPEII 数据库、世界银行的 WITS 数据库、WDI 数据库和出口退税文库。

一、中国海关数据库

中国海关数据库(2000—2013 年)提供了我国企业进出口的详细月度数据。包括进出口企业名称、进出口产品编号(HS8 位码)、进出口目的地、贸易方式、贸易额等信息。海关统计包括实际进出中华人民共和国关境的货物，保税仓库、保税区或者经济特区进出境的货物，加工贸易进出口的货物，租赁期一年及以上的租赁贸易货物；外商投资企业进出口的货物，国际无偿援助的物资以及捐赠品等。中国海关数据库是根据《中华人民共和国海关出口货物报关单》《中华人民共和国海关进口货物报关单》以及经海关核发的其他申报凭证收集的数据进行统计的，准确性高。

中国海关数据库中的贸易方式包括：一般贸易；边境小额贸易；出料加工贸易；进料加工贸易；来料加工装配贸易；来料加工装配进口的设备；出口加工区进口设备；保税仓库进出境货物；保税区仓储转口货物；补偿贸易；对外承包工程出口货物；租赁贸易；国家间、国际组织无偿援助和赠送的物资；寄售、代销贸易；易货贸易；免税外汇商品；外商投资企业作为投资进口的设备、物品；其他境外捐赠物资等。这些贸易方式中，一般贸易(包括一般贸易、边境小额贸易)和加工贸易(出料加工贸易、进料加工贸易、来料加工装配贸易)比较重要，而其他的贸易形式样本量较少，并且在关税及出口退税的处理上比较特殊，因此予以删除。中国海关数据库中的商品编码版本包括 HS92、HS96、HS02、HS07、HS12，为了合并方便，统一转为 HS02 版本的 6 位编码。中国海关数据库的数据是月度数据，需要转换为年度数据后和中国工业企业数据库配对。但因为存在一家企业拥有多个出口 ID 号的情况(包括有些企业拥有临时 ID 号申报出口)，因此在合并工业企业数据库时对其进行了识别和合并。

二、中国工业企业数据库

中国工业企业数据库(1998—2013 年)是国家统计局对各省、自治区、直辖市统计局和国务院各有关部门的综合要求，各地区和各部门按照全国统一规定的统计范围、计算方法、统计口径和填报目录，根据国家统计局拟定的“规模以上工业企业统计报表”，每年按时报送。中国工业统计数据库的统计对象是中国内地销售额为 500 万元以上的大中型制造企业，即包括国有企业、集体企业、股份合作企业、联营企业、有限责任公司、股份有限公司、私营企业、其他内资企业、港澳台商投资企业、外商投资企业。中国工业企业数据库的数据与《中国统计年鉴》的工业部分和《中国工业统计年鉴》的覆盖范围一致。区别在于中国工业企业数据库是企业层面的原始数据，而年鉴是按不同维度加总后的数据。中国工业统计数据库的特点是，统计指标比较多，统计范围比较全，分类目录比较细，准确程度要求较高。

该数据库统计了全部国有企业和年主营业务收入为 500 万元及以上的非国有工业法人企业，截至目前共收录了中国 50 多万家企业，收录的企业占我国工业总产值的 90%左右，涵盖中国工业制造业 60 多个大产业，100 多个中类、1000 多个子行业。统计指标主要包括：主营业务收入、主营业务成本、营业税金及附加、工业总产值、工业增加值、工业销售产值、出口交货值、中间品投入量、年平均从业人员人数等主要技术经济指标以及主要财务指标。

三、CEPII 数据库

CEPII 数据库是由法国 CEPII 研究中心提供的，主要为世界经济发展及其演变提供研究分析资料和数据资源。CEPII 数据库包括七个板块：CHELEM；GEOGRAPHY；MACROECONOMICS；PRODUCTION & SPECIALIZATION INDICATORS；PROFILES；TRADE & INTERNATIONAL INVESTMENTS；TRADE PROTECTION。本书主要使用了进出口数据、地理数据、重力数据和语言、文化数据。CEPII 数据库的商品编码版本包括 HS92、HS96、HS02、HS07、HS12、HS17，为了合并及计算变动指标，统一转为 HS02 版本的 6 位编码。

四、WITS 数据库

世界银行的 WITS 数据库包括世界 180 多个国家的关税税率。本书以 WITS 数据库的关税数据为主，另外，WTO 的 Tariff Downlands Facility 数据库包括世界 150 多个国家的关税税率作为补充。商品编码版本包括 HS92、HS96、HS02、HS07、HS12、HS17，为了合并方便，统一转为 HS02 版本的 6 位编码。汇率数据取自世界银行的官方汇率。

五、WDI 数据库

本书的 GDP 数据来自世界银行数据库数据库（WDI）。本书还将用到样本期间各国的 GDP 平减指数等地区或国家层面的宏观数据，这些数据从 WDI 数据库中获取。

六、出口退税文库

出口退税文库（2000—2017 年）是国家税务局发布的，包含每年各种产品的增值税征税率和退税率。商品编码版本包括 HS92、HS96、HS02、HS07、HS12、HS17，为了合并及计算变动指标，统一转为 HS02 版本的 6 位编码。

需要说明的是中国海关数据库和中国工业企业数据库虽然有更

新的数据，但数据并不是公开的，所以本书首先使用 2000—2016 年的 CEPII 数据库的出口数据，从产品层面上研究贸易政策不确定性对出口的影响。产品层面的贸易政策不确定性是企业层面的贸易政策不确定性的加权平均后的结果，因此研究产品层面的贸易政策不确定性对出口的影响为后续研究贸易政策不确定性对企业层面出口的研究奠定基础。其次，使用中国海关数据库分析贸易政策不确定性对企业出口收入增长、成本增长的影响，再将其和 2000—2013 年的中国工业企业数据库进行合并，以分析贸易政策不确定性对企业利润增长的影响，合并后样本区间为 2000—2013 年。

第二节　研究方法

本书试图从关税不完全传导对贸易双方议价的影响入手，分析关税及其不确定性对贸易双方议价及福利的影响，提出理论假说，并运用微观数据进行实证检验。为了使研究结论更为可信，本书主要采用文献解析法、数理推导、计量分析三种方法。

文献解析法主要在本书第一章的文献综述及后续章节中的理论研究中使用。在分析贸易政策不确定性对企业出口及其绩效的影响时，从贸易政策不确定性的界定及其测度入手，分析了贸易政策不确定性对出口的影响及这种影响的异质性，并对文献进行评述，找出现有研究的局限及可能的创新点。

数理推导主要在本书第二章的理论分析部分使用。从关税的不完全传导入手，分析了关税对贸易双方价格的影响，提出贸易政策不确定性对贸易双方的影响，从理论上分析影响的作用机理，再据此设计计量模型。

计量分析主要用于经验研究，运用中观、微观数据进行实证检验。在实证过程中考虑采用更换计量方法和样本范围等方式去做稳健性检验。在具体研究方法的选择上，基准回归使用普通最小二乘法（OLS）、固定效应模型、工具变量法，稳健性检验部分使用了随机 FGLS、组间估计 BE、分位数回归、滞后回归。

第四章　不确定性的特征事实分析

改革开放40年来，中国经济实力逐步增强，对外贸易作为推动经济发展的三大引擎之一，功不可没。对外贸易不仅能推动经济发展，更主要的是能促进科学技术的交流，学习国外先进技术，最终增加中国的综合实力。但是，近年来世界经济波动日益明显，伴随着世界经济的波动，为了发展本国经济，应对近年来经济下行，各国都在贸易政策上配合着本国经济的发展，引起全球经济政策不确定性逐渐增大，贸易政策不确定性也逐渐增强。根据对经济发展理论的理解不同，世界各国的贸易政策呈现两个明显的趋势：比如美国按照零和博弈的思维，在经济发展上奉行"美国优先"的战略思想，实行了诸如退出贸易协定等手段，不惜损害贸易伙伴的利益，频繁调整贸易政策为美国经济发展服务；比如中国根据共赢发展的思路，认为世界是一个整体，世界经济必须在相互扶持中共同发展，实行了诸如"一带一路"倡议，通过积极缔结贸易协定、稳定贸易政策的方式推动世界经济共同发展。

本章的主要目的在于对与我国相关的经济政策不确定性和贸易政策不确定性进行描述。首先，分析了我国出口的整体情况，即我国出口总额及出口目的地的组成；其次，分析了我国及主要出口目的地的经济政策不确定性和贸易政策不确定性；最后，运用来自CEPII数据库和WITS数据库的数据对经济政策不确定性和贸易政策不确定性现状的特征事实进行描述和分析。

第一节　我国出口情况描述

从我国出口企业的视角来看，经济政策和贸易政策分为贸易目的地国的政策和国内的贸易政策。经济政策不确定性的测度比较简单，可以直接从网站查到中国的经济政策不确定性指标和中国出口目的地的经济政策不确定性指标；而贸易政策不确定性的指标则比较复杂。出口目的地的关税是贸易政策，而我国出口退税政策和我国进口关税是我国可以控制的国内贸易政策。尽管我国在制定出口退税政策和进口关税政策时会考虑大型企业或者重要支柱产业的发展，但这些政策都是普通出口企业无法控制的。一般而言，尽管世界关税在2000—2016年整体是降低的，但出口关税依然是我国出口企业最无法控制的贸易政策。因此本章，我们首先了解我国出口的整体情况。

一、我国出口总额情况分析

出口是我国经济增长的重要引擎之一，为我国经济增长作出过巨大贡献。根据CEPII数据库中的我国出口数据的分析可知，我国出口总额逐年增长，从2000年的2500亿美元增长到2016年的21000亿美元，翻了8.4倍。我国向主要伙伴国的出口额的增长较出口总额增长缓慢，差异逐渐明显，说明我国出口越来越不依赖于某个伙伴国，贸易更加分散也更安全了。从图4-1可以看出，无论是出口总额还是向主要伙伴国(地区)的出口额都由于2008年的金融危机而导致2008—2009年出现了明显下滑。这说明一旦遇到金融危机，其影响会波及世界各个国家或地区，各国(地区)进口都会明显减少，因而导致我国出口下滑。这种不确定性就是系统性贸易政策不确定性，是我国出口企业面临的，却是不可分散的不确定性。这种全球性质的危机发生时，贸易政策不确定性增大，各国为了保护国内经济会提高进口关税，有时甚至会违反承诺或者退出贸易协定。

从增长率会更清楚地看到我国出口的变动情况。图4-2显示了我国2000—2016年总出口增长率及向主要伙伴国(地区)的出口增长率。从图4-2可以看出我国总出口增长率和向主要伙伴国(地区)出口增长率的波动整体上一致，但是在2000—2003年我国出口增长较快的时期，我国对欧盟的出口增长更快，在2010—2012年我国出口增长率下降较快的时期，我国对欧盟的出口下降更快。而

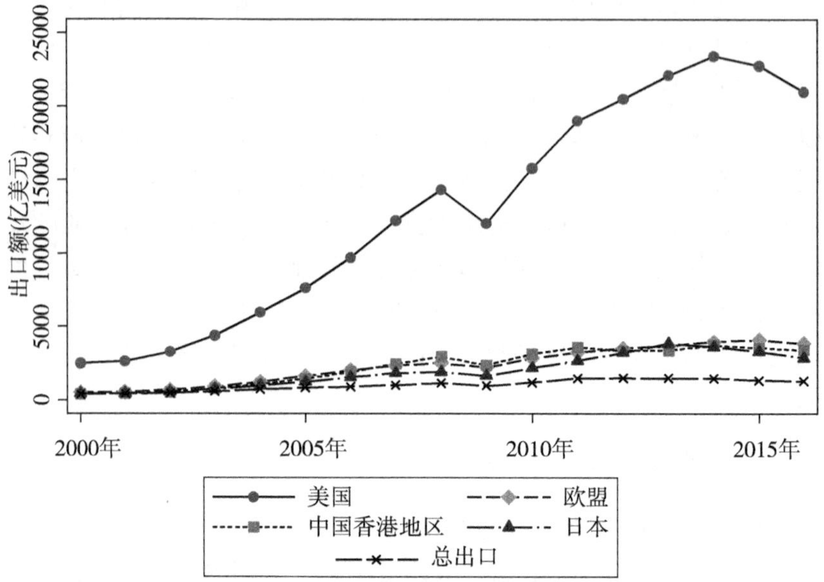

图 4-1 中国出口总额及向主要伙伴国(地区)出口额

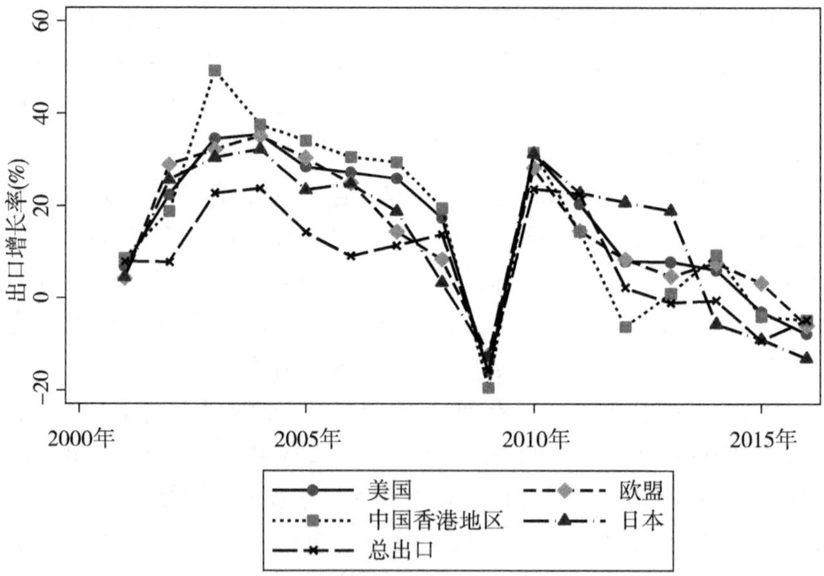

图 4-2 我国总出口增长率及向主要伙伴国(地区)出口增长率

2012—2014 年经济好转，我国对欧盟的出口就迅速上升，这说明我国对欧盟的出口更为敏感。

二、我国主要的贸易伙伴分析

为了研究我国面临的经济和贸易政策现状，必须知道我国向哪些国家或地区出口，只有主要出口目的地的贸易政策才会对我国贸易产生重要的影响，进而影响我国出口企业的绩效。我国内地 2016 年总出口 20.10 万亿美元，三大贸易伙伴是美国、欧盟和中国香港，占我国内地总出口的 48.26%(见图 4-3)，其次为日本、韩国、印度、新加坡、俄罗斯、越南以及中国台湾。中国内地向这十大出贸易伙伴出口额占总出口额的 70.4%，因此这十个国家或地区的贸易政策变动会给我国内地出口带来重大影响。

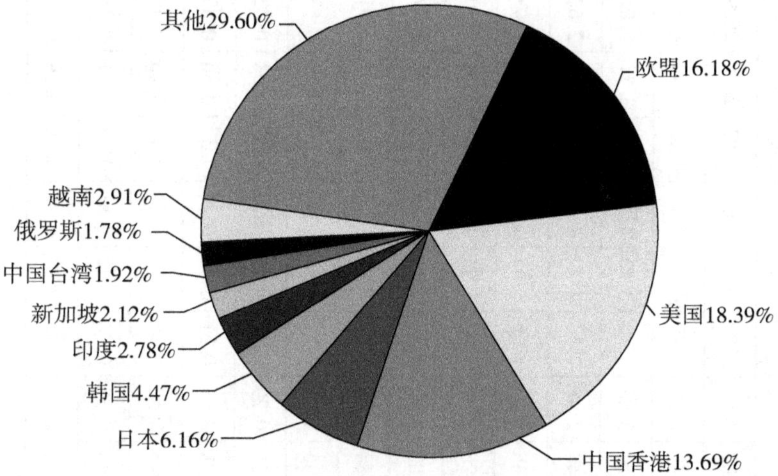

图 4-3　2016 年中国内地出口分布图

取 CEPII 数据库中我国内地出口的所有数据，共计 215 个国家或地区的详细数据。经过计算汇总，得出我国内地向出口贸易伙伴(欧盟视为一个整体，中国香港和中国台湾也视为贸易伙伴)出口占比，如表 4-1 所示。

表 4-1　我国内地向十大贸易伙伴的出口占比

国家或地区	2000	2001	2002	2003	2004	2005	2006	2007	2008	2009	2010	2011	2012	2013	2014	2015	2016	平均值
德国	3.72	3.66	3.49	3.98	4.00	4.27	4.16	4.00	4.14	4.15	4.31	4.02	3.38	3.05	3.10	3.04	3.11	3.74
荷兰	2.68	2.74	2.80	3.08	3.12	3.40	3.19	3.40	3.21	3.05	3.15	3.13	2.88	2.73	2.77	2.62	2.74	2.98
英国	2.54	2.55	2.48	2.48	2.52	2.49	2.49	2.60	2.52	2.62	2.46	2.33	2.27	2.31	2.44	2.63	2.65	2.49
意大利	1.53	1.50	1.48	1.52	1.56	1.53	1.65	1.74	1.86	1.69	1.97	1.78	1.25	1.17	1.23	1.22	1.26	1.53
法国	1.49	1.39	1.26	1.67	1.68	1.53	1.44	1.68	1.64	1.80	1.77	1.59	1.33	1.22	1.24	1.19	1.19	1.48
西班牙	0.86	0.86	0.80	0.90	0.93	1.11	1.19	1.36	1.46	1.17	1.15	1.04	0.89	0.86	0.92	0.96	1.02	1.03
比利时	0.92	0.95	0.88	0.90	0.99	1.02	1.02	1.04	1.04	0.91	0.91	1.00	0.80	0.70	0.74	0.71	0.70	0.90
波兰	0.35	0.38	0.36	0.37	0.31	0.34	0.41	0.54	0.63	0.63	0.60	0.58	0.61	0.57	0.61	0.63	0.72	0.51
捷克	0.14	0.20	0.25	0.29	0.23	0.22	0.24	0.34	0.38	0.42	0.45	0.40	0.31	0.31	0.34	0.36	0.38	0.31
瑞典	0.33	0.35	0.28	0.33	0.31	0.34	0.34	0.37	0.36	0.35	0.36	0.35	0.31	0.31	0.31	0.31	0.30	0.33
匈牙利	0.36	0.39	0.45	0.52	0.45	0.33	0.34	0.41	0.43	0.45	0.41	0.36	0.28	0.26	0.25	0.23	0.26	0.36
芬兰	0.34	0.34	0.35	0.38	0.42	0.48	0.51	0.54	0.51	0.38	0.35	0.35	0.36	0.26	0.22	0.16	0.14	0.36
丹麦	0.31	0.34	0.28	0.34	0.33	0.37	0.38	0.38	0.39	0.35	0.33	0.34	0.32	0.26	0.28	0.27	0.26	0.33

续表

国家或地区	2000	2001	2002	2003	2004	2005	2006	2007	2008	2009	2010	2011	2012	2013	2014	2015	2016	平均值
希腊	0.23	0.26	0.23	0.25	0.23	0.25	0.23	0.27	0.29	0.29	0.25	0.21	0.18	0.15	0.18	0.16	0.20	0.23
爱尔兰	0.14	0.20	0.24	0.32	0.36	0.42	0.40	0.36	0.30	0.17	0.13	0.11	0.10	0.11	0.12	0.12	0.13	0.22
罗马尼亚	0.08	0.09	0.11	0.12	0.18	0.18	0.63	0.17	0.20	0.20	0.19	0.18	0.14	0.13	0.14	0.14	0.16	0.18
葡萄牙	0.11	0.10	0.09	0.09	0.10	0.12	0.14	0.15	0.16	0.16	0.16	0.15	0.12	0.11	0.13	0.13	0.19	0.13
卢森堡	0.02	0.01	0.02	0.07	0.16	0.27	0.21	0.17	0.25	0.25	0.06	0.08	0.10	0.08	0.08	0.10	0.06	0.12
斯洛伐克	0.02	0.02	0.03	0.03	0.03	0.04	0.06	0.12	0.14	0.12	0.12	0.13	0.12	0.14	0.12	0.12	0.14	0.09
奥地利	0.12	0.13	0.15	0.15	0.13	0.12	0.11	0.13	0.12	0.12	0.12	0.12	0.10	0.09	0.10	0.11	0.11	0.12
马耳他	0.03	0.03	0.04	0.03	0.05	0.04	0.05	0.03	0.07	0.11	0.12	0.12	0.11	0.11	0.14	0.11	0.07	0.07
斯洛文尼亚	0.02	0.03	0.03	0.03	0.03	0.03	0.05	0.06	0.07	0.06	0.09	0.09	0.08	0.08	0.09	0.09	0.11	0.06
克罗地亚	0.03	0.05	0.03	0.04	0.06	0.08	0.09	0.13	0.12	0.09	0.09	0.08	0.06	0.06	0.04	0.04	0.05	0.07
立陶宛	0.01	0.02	0.03	0.04	0.05	0.05	0.06	0.07	0.07	0.05	0.06	0.07	0.08	0.08	0.07	0.05	0.06	0.05
保加利亚	0.03	0.03	0.03	0.04	0.06	0.06	0.18	0.07	0.08	0.05	0.04	0.05	0.05	0.05	0.05	0.05	0.05	0.06
拉脱维亚	0.01	0.02	0.02	0.03	0.03	0.04	0.05	0.06	0.06	0.04	0.05	0.06	0.06	0.06	0.06	0.05	0.05	0.04
塞浦路斯	0.06	0.04	0.07	0.05	0.03	0.04	0.04	0.06	0.08	0.10	0.09	0.06	0.05	0.04	0.04	0.03	0.02	0.05

续表

国家或地区	2000	2001	2002	2003	2004	2005	2006	2007	2008	2009	2010	2011	2012	2013	2014	2015	2016	平均值
爱沙尼亚	0. 02	0. 10	0. 04	0. 03	0. 03	0. 04	0. 05	0. 05	0. 04	0. 03	0. 04	0. 06	0. 06	0. 05	0. 05	0. 04	0. 05	0. 05
欧盟合计	16. 51	16. 80	16. 30	18. 08	18. 37	19. 19	19. 70	20. 25	20. 63	19. 78	19. 82	18. 85	16. 38	15. 36	15. 85	15. 67	16. 18	17. 87
美国	20. 93	20. 43	21. 51	21. 14	21. 09	21. 42	21. 03	19. 11	17. 67	18. 42	17. 99	17. 12	17. 20	16. 71	16. 95	18. 03	18. 39	19. 13
中国香港	17. 86	17. 49	17. 96	17. 41	17. 00	16. 34	16. 03	15. 12	13. 33	13. 83	13. 84	14. 12	15. 79	17. 41	15. 50	14. 54	13. 69	15. 72
日本	16. 72	16. 89	14. 88	13. 56	12. 39	11. 02	9. 46	8. 37	8. 12	8. 15	7. 67	7. 81	7. 40	6. 80	6. 38	5. 97	6. 16	9. 87
韩国	4. 53	4. 71	4. 77	4. 59	4. 69	4. 61	4. 60	4. 63	5. 17	4. 47	4. 36	4. 37	4. 28	4. 13	4. 28	4. 46	4. 47	4. 54
印度	0. 63	0. 71	0. 82	0. 76	1. 00	1. 17	1. 51	1. 97	2. 21	2. 47	2. 59	2. 66	2. 33	2. 19	2. 32	2. 56	2. 78	1. 80
新加坡	2. 31	2. 18	2. 15	2. 02	2. 14	2. 18	2. 39	2. 46	2. 26	2. 50	2. 05	1. 87	1. 99	2. 08	2. 09	2. 29	2. 12	2. 18
中国台湾	2. 02	1. 88	2. 02	2. 06	2. 28	2. 17	2. 14	1. 92	1. 81	1. 71	1. 88	1. 85	1. 80	1. 84	1. 98	1. 98	1. 92	1. 96
俄罗斯	0. 90	1. 02	1. 08	1. 38	1. 53	1. 73	1. 63	2. 34	2. 31	1. 46	1. 88	2. 05	2. 15	2. 25	2. 29	1. 53	1. 78	1. 72
越南	0. 62	0. 68	0. 66	0. 73	0. 72	0. 74	0. 77	0. 98	1. 06	1. 36	1. 46	1. 53	1. 67	2. 20	2. 72	2. 90	2. 91	1. 39
总计	83. 03	82. 78	82. 15	81. 72	81. 21	80. 58	79. 25	77. 14	74. 56	74. 14	73. 55	72. 23	70. 98	70. 95	70. 35	69. 92	70. 40	76. 17

资料来源：作者根据 CEPII 数据库数据计算得到。

中国内地向这十大贸易伙伴出口的贸易额平均占到总出口贸易额的 76.17%。并呈现逐年下滑的趋势，说明我国内地出口有分散化的趋势，并不只盯着主要贸易伙伴。尤其是日本，出口份额下降迅速，从 2000 年的 16.72%下降到 2016 年的 6.16%。中国内地三大贸易伙伴是美国、欧盟和中国香港，2000—2016 年间向美国出口平均占中国内地总出口的 19.13%，向欧盟出口平均占中国内地总出口的 17.87%，向中国香港出口平均占中国内地总出口的 15.72。通过图 4-4 更清楚地看到包括欧盟在内的十大贸易伙伴在我国内地出口贸易中所占份额的变化。

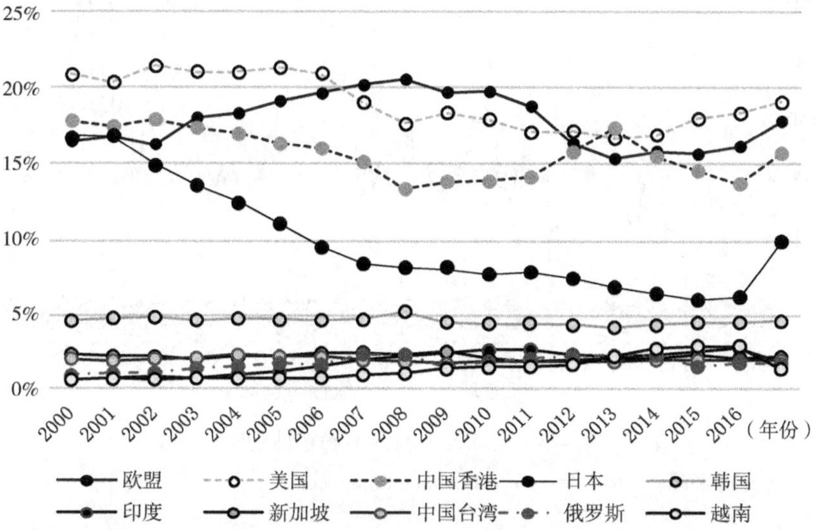

图 4-4　十大贸易伙伴所占份额比

图 4-4 显示 2007 年前美国是中国内地最大的贸易伙伴，但 2007 年后被欧盟超越，在 2012 年后，美国、欧盟和中国香港三个国家或地区所占的贸易份额相似，美国作为中国内地的贸易伙伴已经不再像 2007 年之前重要。2001 年以来，我国内地向日本出口也越来越少。

第二节　我国经济政策不确定性描述

2017 年 1 月 20 日，美国总统特朗普宣誓就职。不同于以往的总统，他提出了很多全新的政策，使世界经济政策更加不确定。本节描绘了 2003—2018 年全球经济政策不确定性指数的走势，如图 4-5 所示。

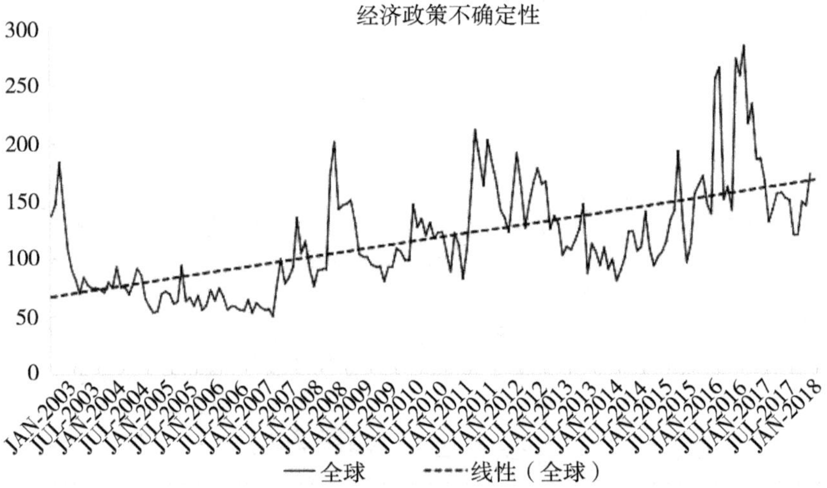

图 4-5　全球经济政策不确定性趋势

资料来源：http：//www. policyuncertainty. com。

从图 4-5 中可以看出，世界经济一直在波动中前进，从 2003—2018 年，世界经济的不确定性尽管波动明显，却也显示出逐渐上升的趋势。从整体上看，全球经济政策的不确定性越来越大。全球经济政策不确定性是多个国家或地区经济政策不确定性加权平均的结果，究竟是哪些国家和地区的经济政策不确定性增大引起的全球经济政策不确定性增大呢？通过本章第一节的分析我们知道，欧盟、美国、中国香港、日本、韩国、俄罗斯、印度、新加坡是中国内地的主要贸易伙伴，结合数据的可得性，我们考察了欧盟、美国、日本、韩国、俄罗斯、印度、新加坡以及中国香港的经济政策不确定性，并将这些国家或者地区进行相关分析。

中国的企业无论是出口企业还是内销企业都会受到本国经济政策的影响，如果本国经济政策变动频繁，必然会对本国企业造成影响，因此本节首先研究中国的经济政策不确定性。中国内地经济政策不确定性趋势如图 4-6 所示。

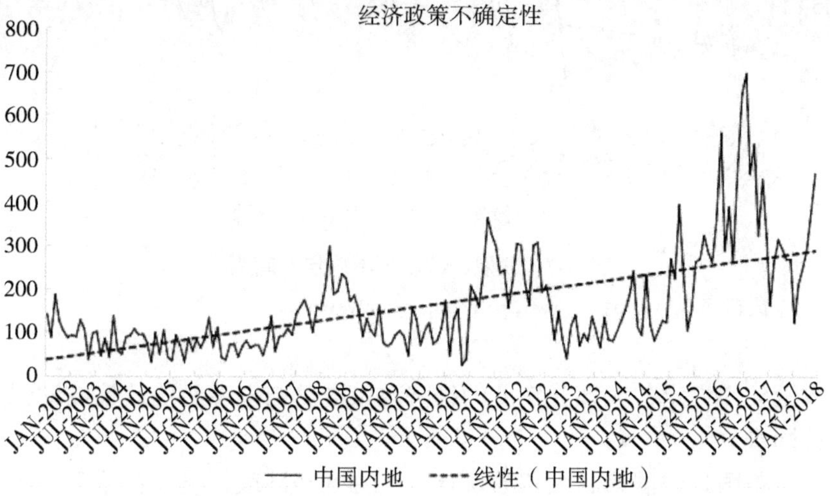

图 4-6 中国内地经济政策不确定性趋势

资料来源：http：//www. policyuncertainty. com。

从图 4-6 中可以看出，中国内地经济政策不确定性波动相对频繁，尤其是 2008 年金融危机，使经济政策不确定性达到了一个历史小高峰，2012 年、2015 年及以后的年份，经济政策不确定性也始终处于高位。中国内地经济政策的波动也非常明显，企业所处的经济政策环境较不稳定。

中国最大的贸易伙伴是欧盟，因此欧盟的经济政策变动会对我国出口企业造成影响，欧盟经济政策不确定性趋势如图 4-7 所示。

从图 4-7 中可以看出，欧盟的经济政策不确定性波动也较明显，在 2012 年和 2015 年波动达到历史高峰，但整体而言欧盟经济

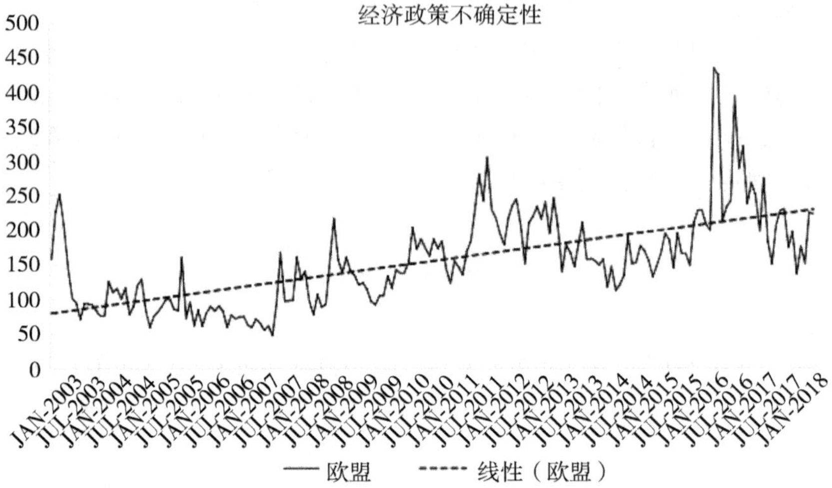

图 4-7　欧盟经济政策不确定性趋势

资料来源：http：//www. policyuncertainty. com。

政策较为稳定，大部分年度的经济政策波动与全球经济政策波动保持同步。

美国是中国第二大贸易伙伴，美国的经济政策波动会给我国出口企业带来影响。美国经济政策不确定性趋势如图 4-8 所示。

从图 4-8 中可以看出，美国经济政策的波动并不算大，整体与全球经济政策波动同步，只是 2016 年经济政策波动较大，之后又趋于稳定。

中国香港是继美国之后中国内地的又一大合作伙伴，因为一国两制，所以中国香港的经济政策有一定的独立性，因此，中国香港的经济政策波动会影响中国内地企业的出口行为。中国香港经济政策不确定性趋势如图 4-9 所示。

从图 4-9 中可以看出，中国香港的经济政策不确定性整体较低，只是在 2008 年金融危机时经济政策不确定性较大，在 2011 年、2012 年、2014 年和 2016 年经济政策不确定性较大，之后经济政策趋于稳定。

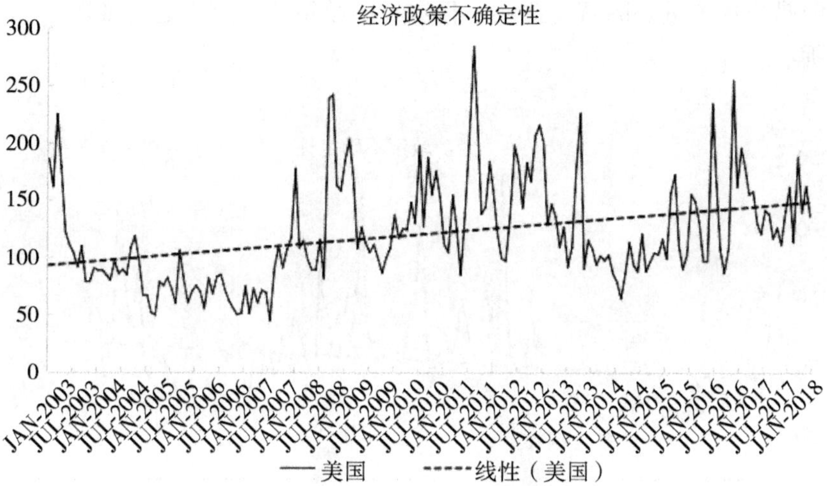

图 4-8　美国经济政策不确定性趋势

资料来源：http：//www. policyuncertainty. com。

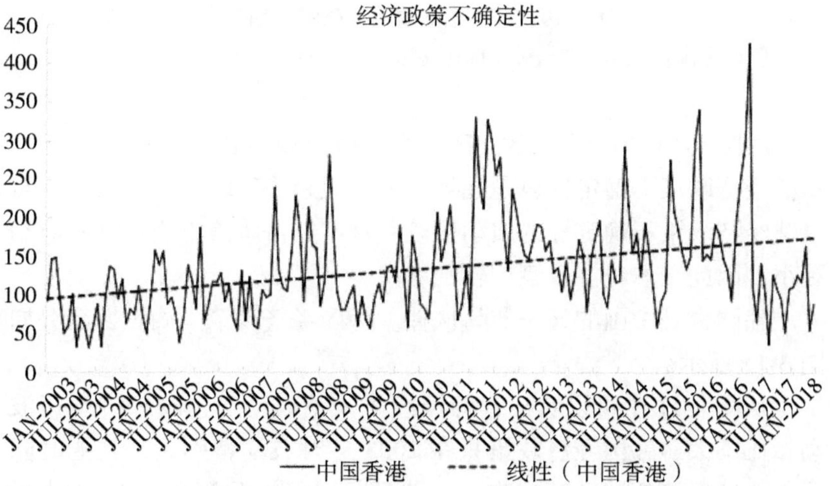

图 4-9　中国香港经济政策不确定性趋势

资料来源：http：//www. policyuncertainty. com。

尽管我国对日本的出口逐年降低，但由于地理位置相近，日本仍然是我国重要的贸易伙伴。日本经济政策不确定性趋势如图 4-10 所示。

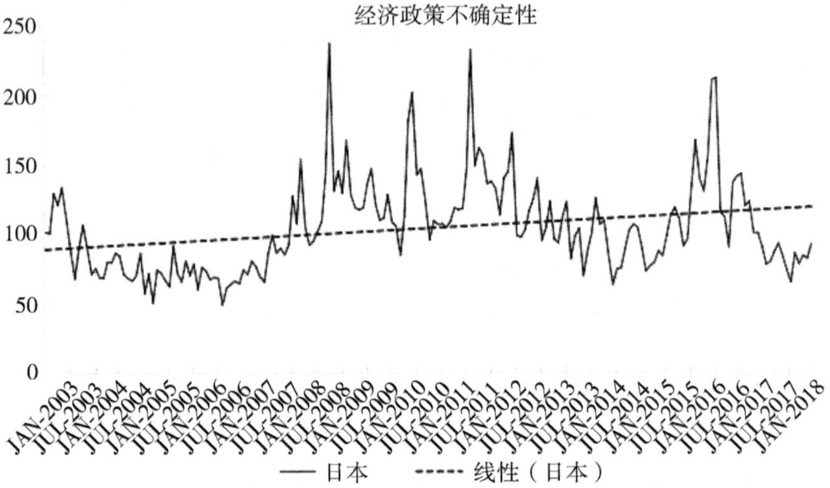

图 4-10　日本经济政策不确定性趋势

资料来源：http：//www. policyuncertainty. com。

从图 4-10 中可以看出，日本经济政策相对比较稳定，虽然日本的经济政策不确定性也是逐年增大，但趋势很缓，只是微涨。与全球经济政策不确定性的波动比较，日本经济政策不确定性的波动更小，因此日本经济政策比较稳定。

韩国也是中国的又一贸易伙伴。韩国经济政策不确定性趋势如图 4-11 所示。

从图 4-11 中可以看出，韩国经济政策波动与全球经济政策波动相比不大，韩国经济政策只在 2003 年时波动特别大，其他时间段与全球经济的波动基本吻合，并且韩国经济政策在 2016 年之后开始趋于稳定，显示出较稳定的经济政策环境。

俄罗斯也是中国重要的贸易伙伴，俄罗斯经济政策不确定性趋势如图 4-12 所示。

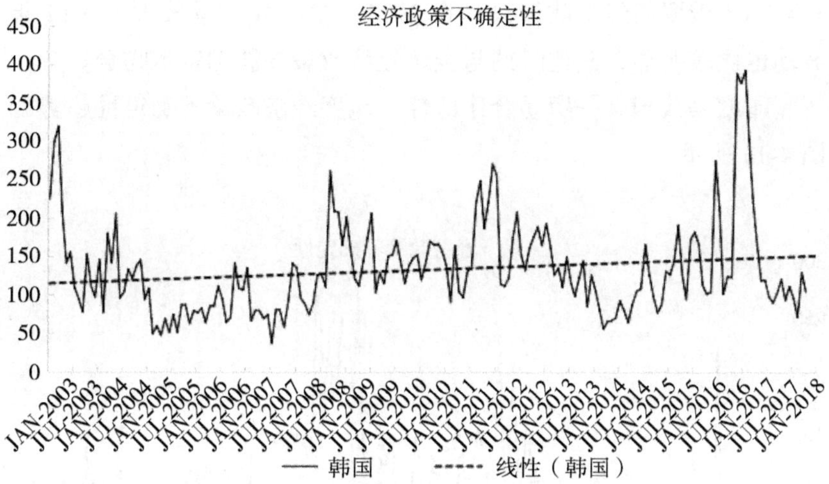

图 4-11　韩国经济政策不确定性趋势

资料来源：http：//www. policyuncertainty. com。

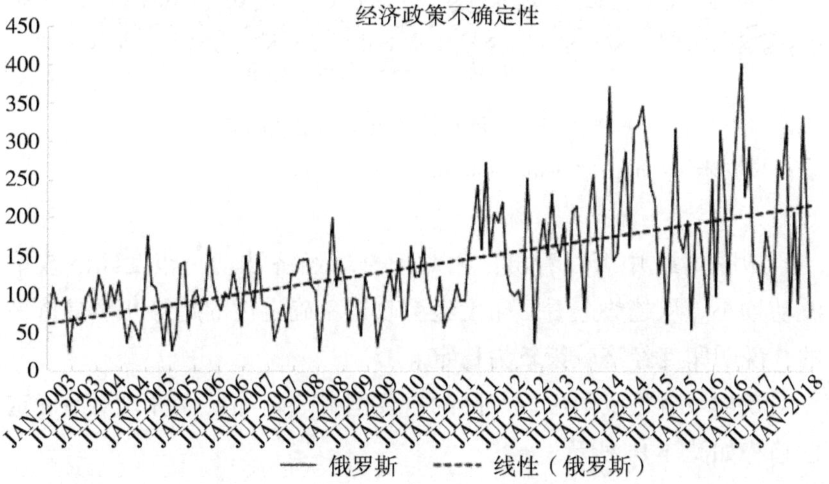

图 4-12　俄罗斯经济政策不确定性趋势

资料来源：http：//www. policyuncertainty. com。

从图 4-12 中可以看出，俄罗斯经济政策不确定性相对全球而言较小。俄罗斯经济政策只是在 2013—2015 年波动较大，2017 年波动也比较明显，其他时期与全球经济政策的波动基本吻合。

印度是我国又一贸易合作伙伴，印度经济政策不确定性趋势如图 4-13 所示。

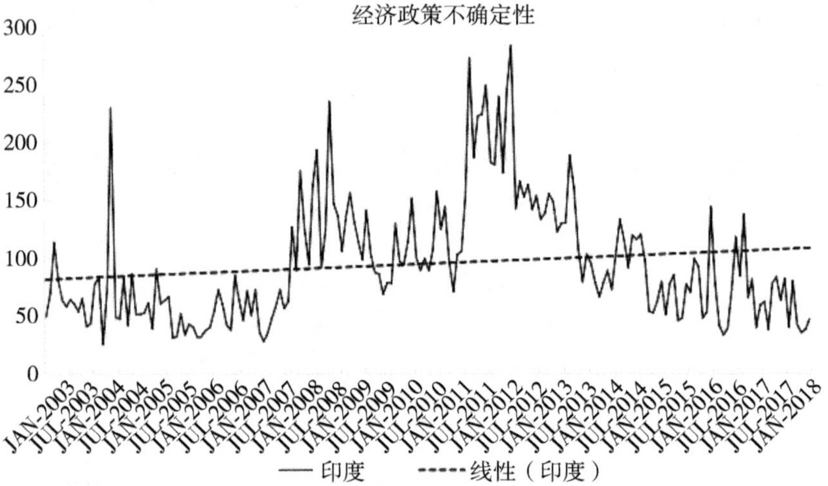

图 4-13　印度经济政策不确定性趋势

资料来源：http：//www. policyuncertainty. com。

从图 4-13 中可以看出，相对于全球经济波动，印度经济政策波动较小。从趋势上看，印度经济政策不确定性的趋势几乎是持平的，说明印度经济政策较为稳定。

新加坡也是我国出口产品的重要国家。新加坡经济政策不确定性趋势如图 4-14 所示。

从图 4-14 中可以看出，新加坡经济政策调整频繁的时间段都与全球经济政策波动比较一致，这也说明全球经济关联密切。为了验证全球经济不确定性有着高度的一致性，我们对这些国家或地区进行相关分析，结果如表 4-2 所示。从表 4-2 可以看出，国家或地

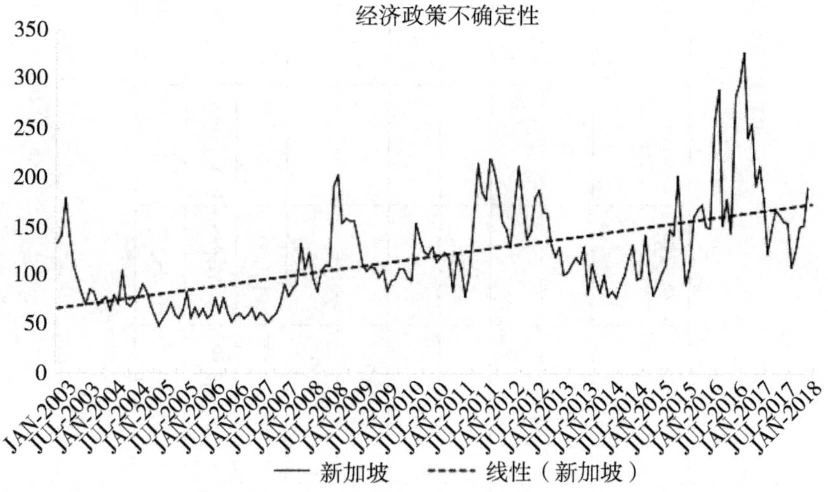

图 4-14　新加坡经济政策不确定性趋势

资料来源：http：//www. policyuncertainty. com。

区之间的不确定性都显现出了高度相关。由此得出结论：世界经济高度关联，各国之间的经济政策波动互相相关。

为了了解中国内地、欧盟、美国、中国香港、日本、韩国、新加坡、印度、俄罗斯的经济政策不确定性，我们将 2000—2018 年的月度贸易政策不确定性指标通过取平均值的方式，分年计算出月度平均值，并画图展示各国或者地区的经济政策波动情况，如图 4-15 和图 4-16 所示。

从图 4-15 中可以明显地看出中国内地、欧盟和俄罗斯的经济政策波动较大，并且有逐年增强的趋势。图 4-16 计算了 2000—2018 年经济政策不确定性指标的均值和方差。从图 4-16 中可以看出，中国内地、欧盟和俄罗斯不仅经济政策不确定性的均值较大，而且方差也较大，说明中国内地、欧盟和俄罗斯经济政策很不稳定。

表 4-2　　不确定性相关系数表

相关系数	全球	欧盟	美国	中国内地	中国香港	日本	韩国	俄罗斯	印度	新加坡
全球	1.000									
欧盟	0.922***	1.000								
美国	0.808***	0.681***	1.000							
中国内地	0.867***	0.751***	0.494***	1.000						
中国香港	0.543***	0.521***	0.366***	0.483***	1.000					
日本	0.639***	0.542***	0.617***	0.396***	0.353***	1.000				
韩国	0.758***	0.663***	0.693***	0.611***	0.481***	0.506***	1.000			
俄罗斯	0.496***	0.496***	0.199***	0.463***	0.429***	0.125*	0.297***	1.000		
印度	0.427***	0.378***	0.493***	0.189***	0.474***	0.593***	0.410***	0.191***	1.000	
新加坡	0.988***	0.890***	0.767***	0.913***	0.535***	0.679***	0.773***	0.452***	0.436***	1.000

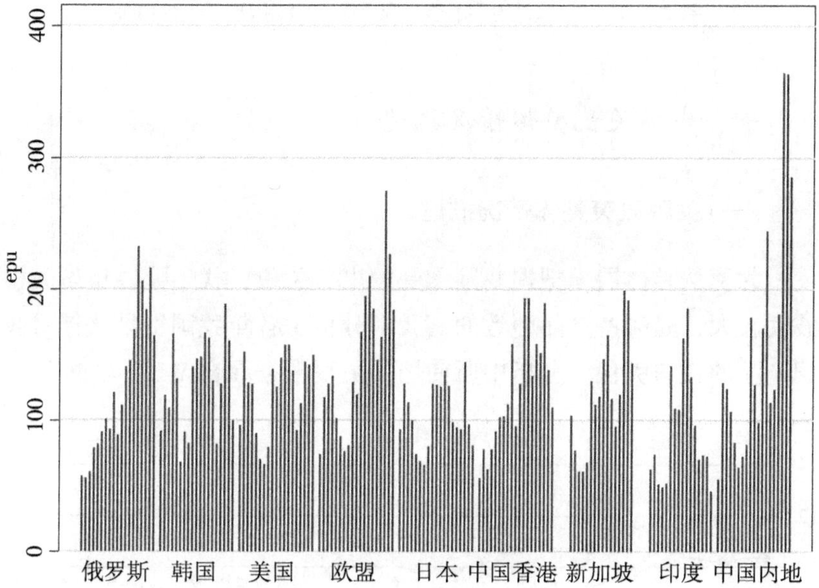

图 4-15　各国或地区经济政策不确定性趋势

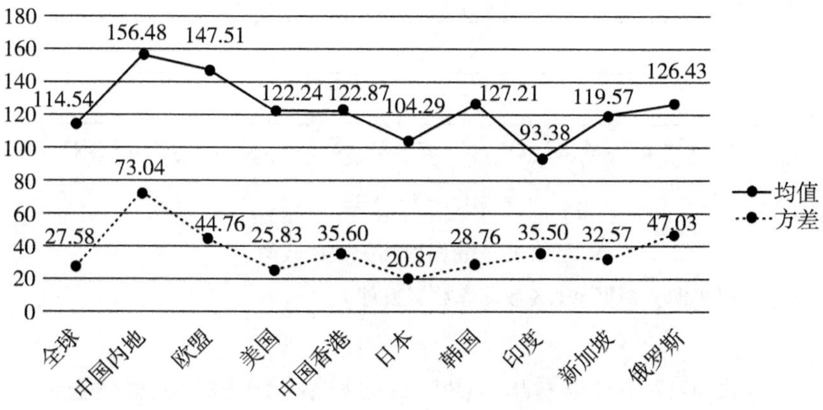

图 4-16　各国或地区经济政策不确定性的均值和方差

第三节　我国贸易政策不确定性描述

一、我国关税整体情况描述

(一)关税政策整体情况描述

为了从整体层面把握我国承受的出口关税，找出哪些年份关税波动较大，是哪些产品引致的，我们分析了各年我国贸易伙伴对我国产品的进口关税。分析中所使用的关税数据取自 WITS 数据库。

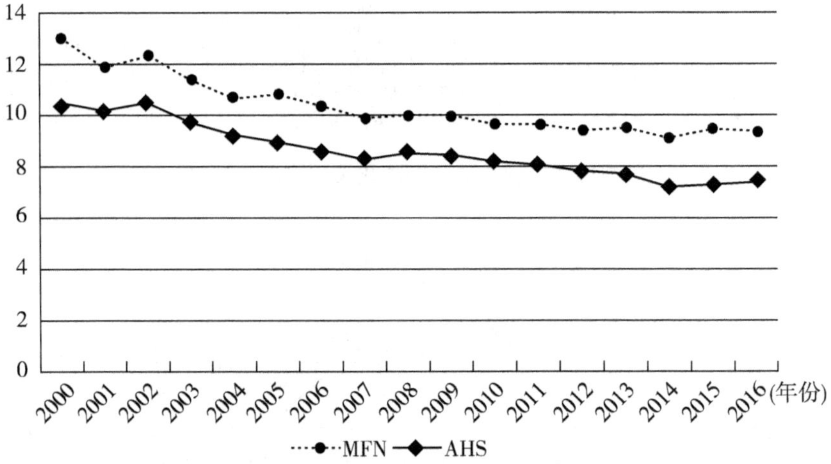

图 4-17　我国面临的关税政策

资料来源：根据 WITS 数据库数据整理。

从图 4-17 中可以看出，出口目的地给予我国的关税优惠。上面一条曲线是最惠国税率(MFN)，下面一条曲线是实际税率(AHS)。可以看到，我国面临的 AHS 小于 MFN，说明我国的出口目地国给予我国较好的关税政策。从 2000—2016 年可以看到，整体而言，无论是 MFN 还是 AHS 都是下降的，说明我国出口所面临的贸易政策整体上是好转的。但在 2002 年、2008 年、2015 年、2016 年这四年，关税被调高，经济都下行，伙伴国调高进口关税是为了保护国内经济。

（二）关税政策分产品组情况描述

接下来我们分产品组来看 MFN 和 AHS 的变化。从图 4-18 可以看到，食品、纺织、制造业的 MFN 较高，而且纺织品、燃料、食品的 MFN 税率波动较大，说明我国面临的纺织品、燃料、食品的政策不确定性比较大。

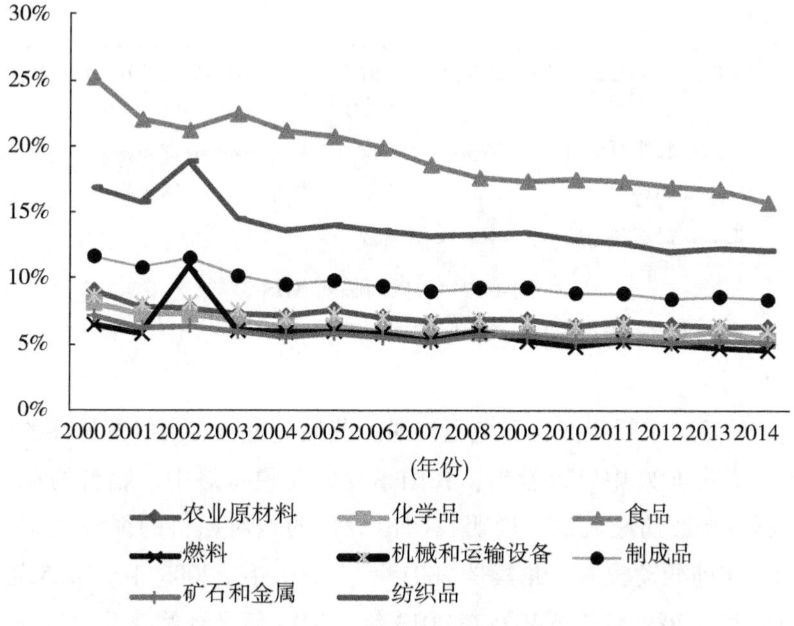

图 4-18　我国面临的 MFN

资料来源：根据 WITS 数据库数据整理。

实际关税（AHS）比最惠国待遇（MFN）更能说明问题。从图 4-19 可以看出，食品、纺织品、制成品、燃料的波动最明显，尤其是 2001—2003 年，燃料的实际关税波动特别大。

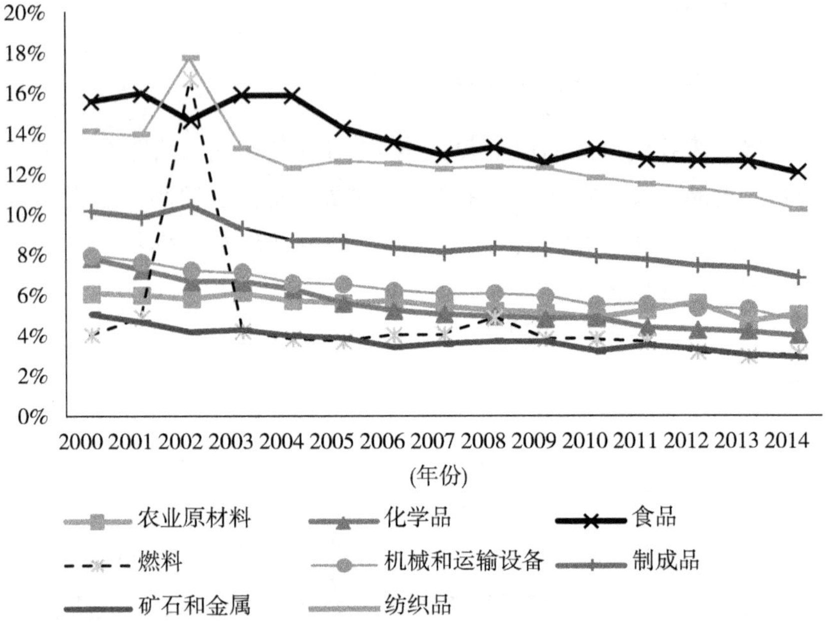

图 4-19 我国面临的 AHS

资料来源：根据 WITS 数据库数据整理。

最后，来看我国享受免税待遇的贸易额占所有出口贸易额的比例。从图 4-20 中可以看出，我国享受的免税待遇中，燃料的免税比例也是波动最大的，说明我国出口目的地对燃料的征税政策在 2007 年前变动较大，尤其是 2001 年、2002 年、2003 年、2005 年、2006 年、2007 年这 6 年，在 2013 年、2014 年又开始波动明显。

(三) 关税政策分国家或地区情况描述

我国内地十大贸易伙伴为：美国、欧盟、日本、韩国、印度、新加坡、俄罗斯、越南以及中国香港、中国台湾，其中美国、欧盟以及中国香港在 2000—2016 年的平均占比达 52.71%。中国香港一

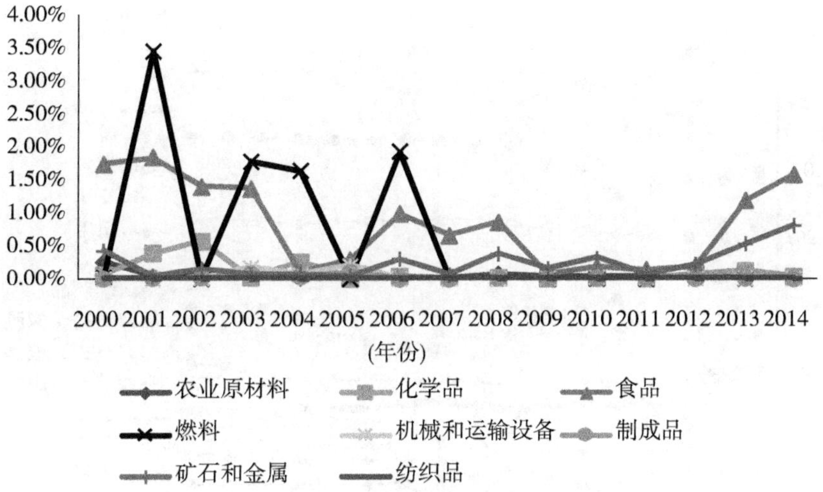

图 4-20　我国享受的免税比例

资料来源：根据 WITS 数据库数据整理。

直以来是免税。因此先来看下美国和欧盟对我国的关税政策。图4-21 和图4-22分别描述了美国、欧盟和中亚对我国出口商品征收的关税。发现美国对我国的进口关税波动比欧盟和中亚小。在 2002 年、2008 年、2015 年、2016 年这四年，行业是食品、纺织、制造业和燃料的企业，重点波动在 2001—2003 年，尤其是燃料，免税比例也是波动最大的，在 2007 年前变动较大，尤其是 2001 年、2002 年、2003 年、2005 年、2006 年、2007 年这 6 年，在 2013 年、2014 年又开始波动明显。

二、欧盟情况分析

从以上分析可以看出，欧盟作为一个整体，对我国出口的影响比其他国家或地区更为明显，为了弄清为什么我国对欧盟出口比对其他主要伙伴更敏感，我们比对美国、欧盟、日本以及中国香港这四个主要贸易伙伴的关税、贸易政策不确定性、出口种类。

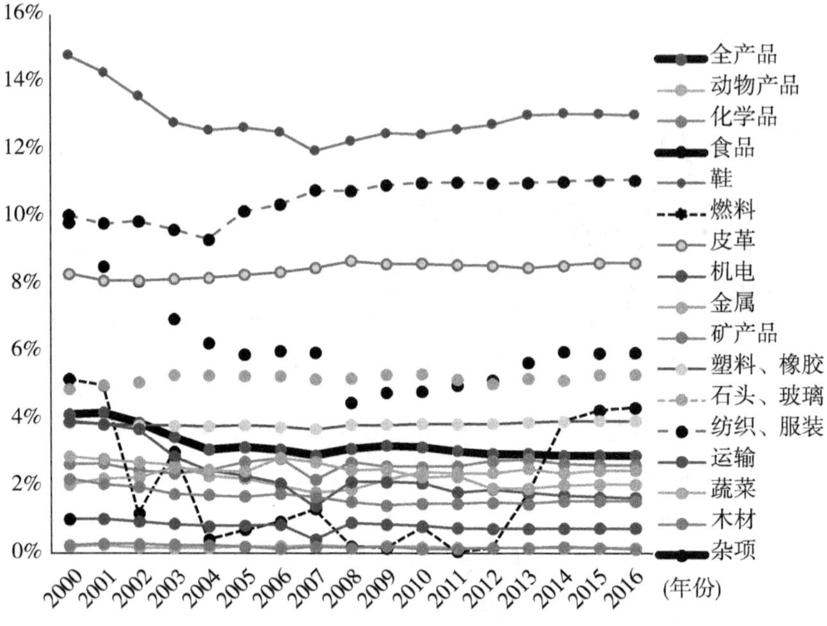

图 4-21　美国进口中国商品的关税税率

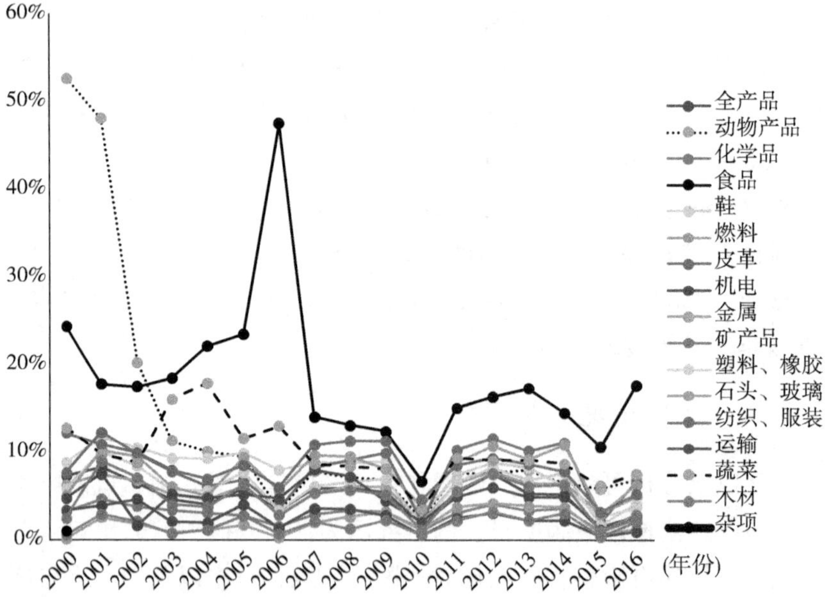

图 4-22　欧盟和中亚进口中国商品的关税税率

(一)比对关税

根据 CEPII 数据库和 WITS 数据库关税数据合并汇总，将进口关税加权平均汇总到国家或地区层面，从图 4-23 中可以看出，中国香港的实际关税一直是零关税，美国、日本的实际关税波动也不大，但欧盟实际关税的波动明显比较大。

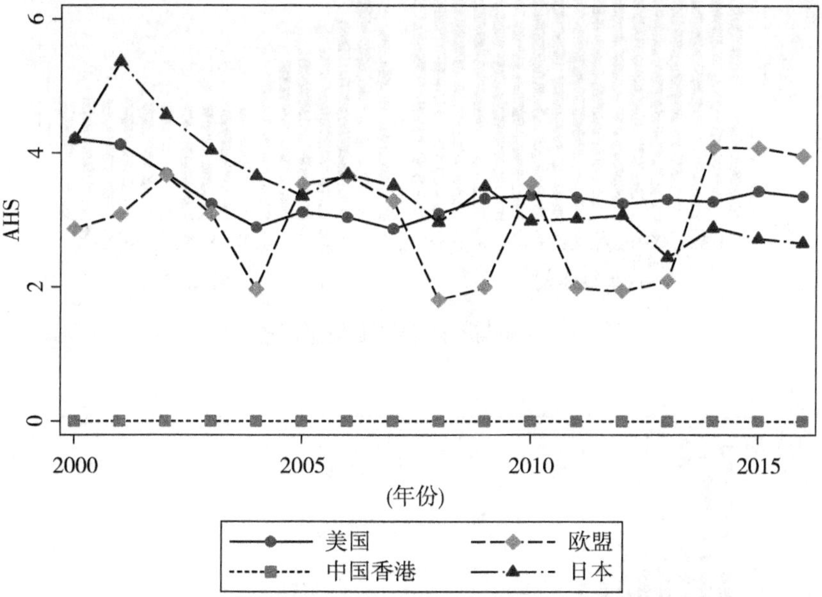

图 4-23　我国内地主要贸易伙伴对我国内地的实际关税政策

把我国内地 2000—2016 年所有出口的最惠国税率按向欧盟国家出口和向非贸易国家或地区出口进行分类统计(见图 4-24)，可以看出整体上欧盟国家的最惠国税率明显偏低。

把我国内地 2000—2016 年所有出口的实际税率按向欧盟国家出口和向非贸易国家或地区出口进行分类统计(见图 4-25)，可以看出整体上欧盟国家的实际税率明显偏低。

(二)比对贸易政策不确定性

将各贸易伙伴国最惠国关税和实际进口关税的差额作为贸易政

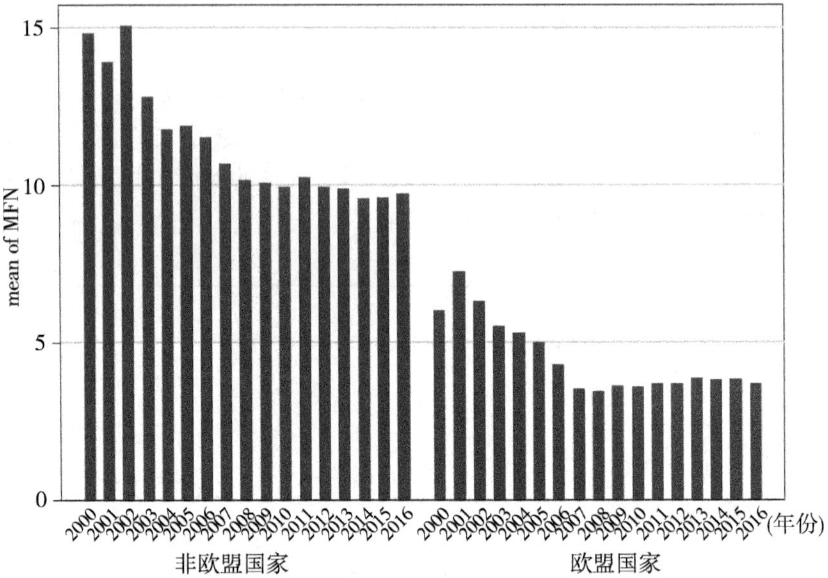

图 4-24　欧盟与非欧盟国家最惠国税率对比

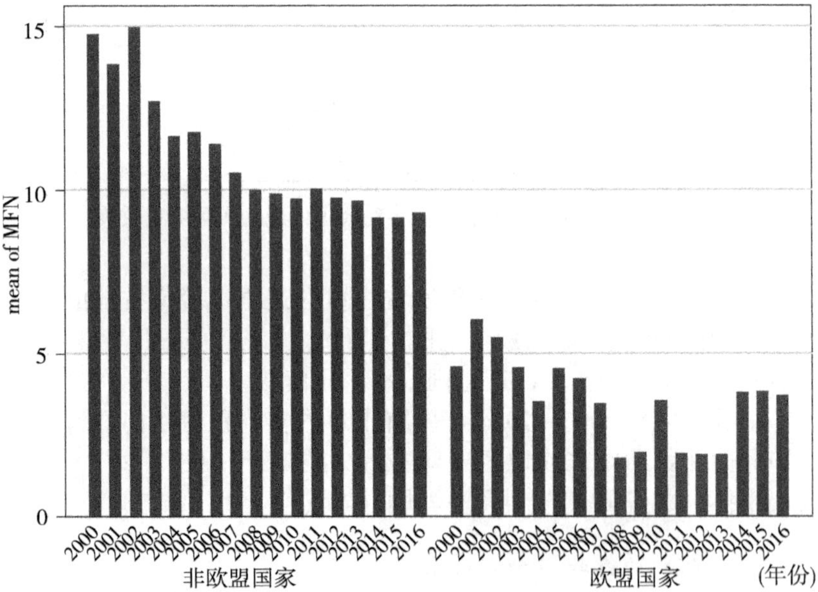

图 4-25　欧盟与非欧盟国家实际关税对比

策不确定性的度量，记为 TPU。从图 4-26 中可以看出，欧盟和美国、日本以及中国香港不同，欧盟对我国内地的贸易政策不确定性较大，且波动特别大。

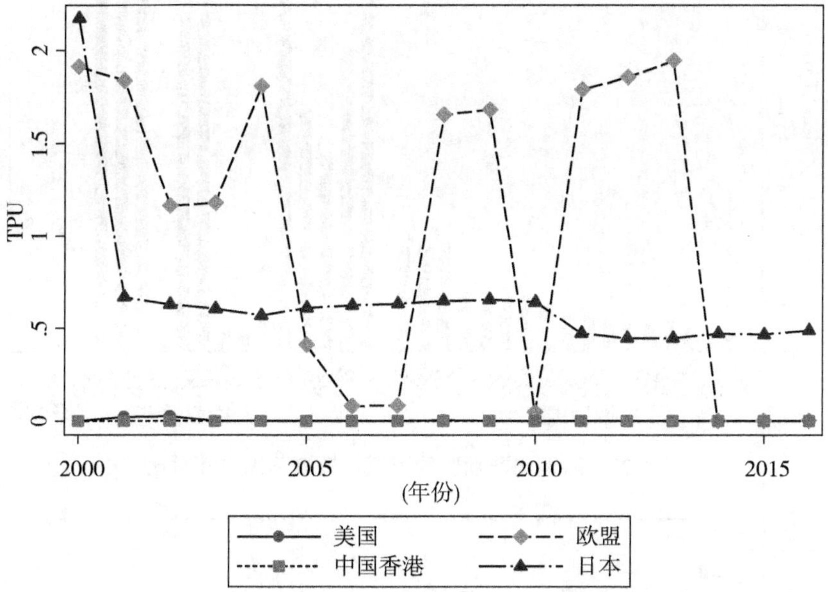

图 4-26　我国内地主要贸易伙伴对我国内地贸易政策不确定性

把我国内地 2000—2016 年所有贸易伙伴的不确定性分欧盟国家和非贸易国家或地区进行分类统计(见图 4-27)，可以看出整体上欧盟国家 TPU 明显高于非欧盟国家或地区。

(三)比对出口种类

本书选择 HS4 位编码作为产品种类，计算了我国内地出口到主要贸易伙伴的产品种类，发现我国内地前 4 个主要贸易伙伴中，出口到美国的产品种类较少，出口到中国香港以及日本、欧盟的产品种类差异不大(见图 4-28)。

总之，欧盟作为我国内地主要的贸易伙伴，表现出了和美国、日本以及中国香港的不同。虽然从整体上看，欧盟最惠国关税、实

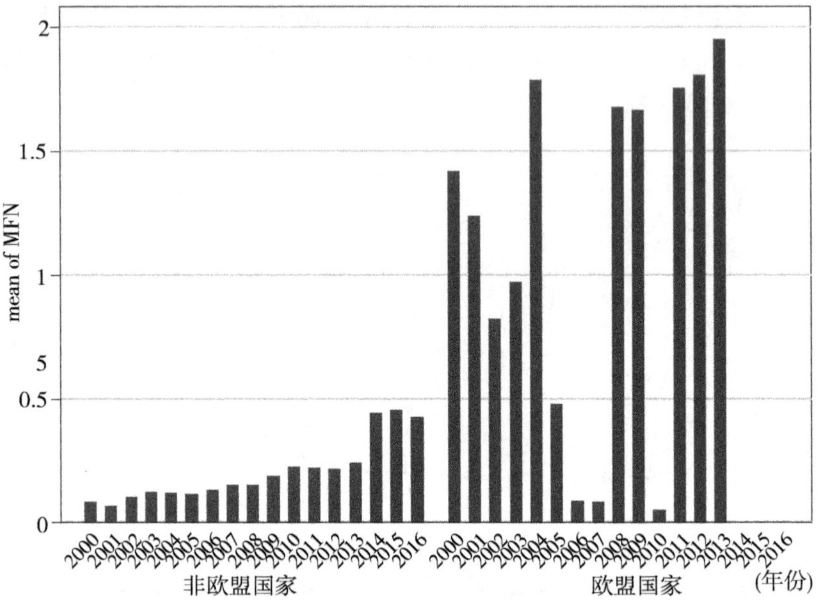

图 4-27　欧盟与非欧盟国家贸易政策不确定性对比

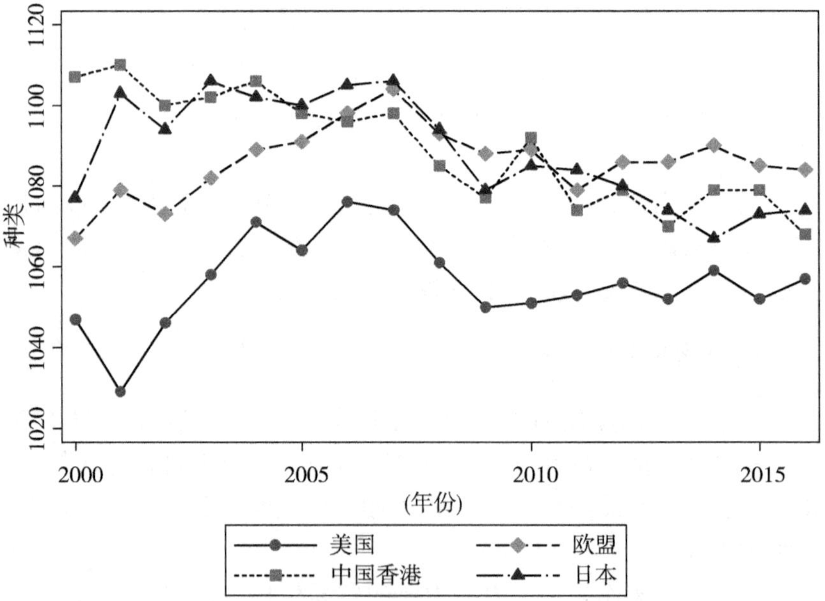

图 4-28　我国内地向主要伙伴出口的产品种类

际关税小于非欧盟国家或地区，其数值和美国、中国香港、日本比较并没有低很多，但欧盟实际关税波动特别频繁，所幸即使欧盟进口实际关税波动频繁，并没有发生超出最惠国待遇的情况，从未违反 WTO 规定增加进口关税，其贸易政策不确定性也比中国香港以及美国、日本高。

第五章　中国制造企业的特征事实分析

本章分析中国工业企业的发展现状及出口选择，尤其是根据不同特征分类后对中国工业企业进行分析。本章数据主要来自中国工业企业数据库、中国海关数据库等。首先，对用于分析的数据来源进行说明，同时说明数据的处理方法；其次，对中国制造企业出口现状进行分析；最后，在异质性的前提下分析我国制造企业。

第一节　中国制造企业整体情况分析

一、数据的来源和处理

我国工业企业数据库提供了制造企业的微观数据，是国家统计局对各省、自治区、直辖市统计局和国务院各有关部门的综合要求，各地区和各部门按照全国统一规定的统计范围、计算方法、统计口径和填报目录，根据国家统计局拟定的“规模以上工业企业统计报表”，每年按时报送。中国工业统计数据库的统计对象是中国内地销售额为500万元以上的大中型制造企业，即包括国有企业、集体企业、股份合作企业、联营企业、有限责任公司、股份有限公司、私营企业、其他内资企业、港澳台商投资企业、外商投资企业。该数据库统计了全部国有企业和年主营业务收入为500万元及以上的非国有工业法人企业，截至目前共收录了中国50万多家企业，收录的企业占我国工业总产值的90%左右，涵盖中国工业制造业60多个大产业，100多个中类、1000多个子行业。统计指标主要包括：主营业务收入、主营业务成本、营业税金及附加、工业总产值、工业增加值、工业销售产值、出口交货值、中间品投入量、年平均从业人员人数等主要技术经济指标以及主要财务指标。

中国海关数据库提供了我国企业进出口的详细月度数据。包括进出口企业名称、进出口产品编号（HS8 位码）、进出口目的地、贸易方式、贸易额等信息。海关统计包括实际进出中华人民共和国关境的货物，保税仓库、保税区或者经济特区进出境的货物；加工贸易进出口的货物，租赁期一年及以上的租赁贸易货物，外商投资企业进出口的货物，国际间无偿援助的物资以及捐赠品等。中国海关数据库是根据《中华人民共和国海关出口货物报关单》《中华人民共和国海关进口货物报关单》以及经海关核发的其他申报凭证收集的数据，准确性高。

中国工业企业数据库虽然有出口交货值这个指标，但据此判断是否是出口企业并不准确，本书将中国工业企业数据库和中国海关数据库出口企业数据合并，只有中国海关数据库中该年有出口记录的企业该年才算出口企业。首先将中国海关数据库的数据汇总到年，中国海关数据库的数据是根据报关单汇总的，海关编号是企业进出口时用来报关的，是企业的身份标识，但有些企业有多个海关编号，因为报关时要根据企业的海关编号报关，有些企业尤其是有分支机构的企业持有多个海关编号是正常的。企业和海关编号之间的关系是一对多的关系，而拥有相同海关编号（企业 ID）的企业有多个企业名称，经识别多为企业简称，因此本书则将海关编号作为在中国海关数据库识别企业的唯一标识。对中国海关数据库提取年份、企业 ID。我们对海关库的异常数据进行了一定的恢复，然后按以下方式整理数据：删除少数企业编码和产品编码缺失的样本。

参考田巍和余淼杰（2013）、施炳展（2013）、戴觅等（2014）、余淼杰和袁东（2015）的合并方法，常用的合并方式是：首先，根据企业名称和年份进行匹配，如果两个企业在同一年的中国工业企业数据库和中国海关数据库中都有相同的企业名称，则视为配对成功。其次，通过所在地区和电话号码的后 7 位进行匹配。因为每个地区中企业的电话号码都是不同的，所以为了保证匹配可以尽可能包括更多的企业，同时使用这两种匹配方法只要一种配对成功就算合并成功。

中国工业企业数据库的法人代码是识别企业相对唯一的标识，中国海关数据库的报关编号是识别企业相对唯一的标识。但企业所在地区及电话号码并不能识别企业，因为一家企业可以有多部电话，并且一位法人代表可以拥有多家从事不同行业的企业，这种匹配方法虽然样本量大，但匹配不够精细。即使所在地区和电话号码一样，也保证不了企业还是以前的那家，有可能以前的企业已搬走，新的企业沿用了以前的企业的地址和电话。在中国工业企业数据库和中国海关数据库中都存在企业名称用简称的情况，通过比对发现，法人代码或者报关编号相同的企业名称不同多是因为用了简称。因此本书使用以下方法进行数据匹配：

第一步，将中国海关数据库出口企业与进口企业根据海关编码进行合并，找出出口企业和进口企业。

第二步，运用中国工业企业数据库的法人代码根据企业名称和年份匹配中国海关数据库，保留每年唯一匹配成功的配对。只要中国工业企业数据库和中国海关数据库有一年匹配上，我们就认为该法人代码企业每年都可以匹配成功。但由于法人代码也不具唯一性，因此参考行业信息，删除每年企业名称差异较大的企业，保留匹配成功的企业。

第三步，将中国工业企业数据库与匹配成功的企业合并。

二、中国制造企业的概况

将中国工业企业数据库（2000—2013 年）和中国海关数据库（2000—2013 年）合并，匹配结果如表 5-1 所示。

表 5-1　**中国工业企业数据库和中国海关数据库合并数据表①**

统计年度	工业库样本	内销样本	外销样本	出口企业占比	进出口企业占出口企业比例
2000	162,215	132,106	30,109	18.56%	80.59%
2001	168,389	131,743	36,646	21.76%	79.65%
2002	180,882	138,160	42,722	23.62%	79.10%
2003	195,543	145,736	49,807	25.47%	78.17%
2004	278,120	202,569	75,551	27.16%	76.53%
2005	271,102	195,237	75,865	27.98%	75.85%
2006	301,091	217,265	83,826	27.84%	74.48%
2007	335,952	242,852	93,100	27.71%	73.30%
2008	372,241	274,383	97,858	26.29%	71.65%
2009	393,501	289,919	103,582	26.32%	71.51%
2010	393,637	290,044	103,593	26.32%	71.53%
2011	388,878	286,200	102,678	26.40%	71.50%
2012	319,452	238,364	81,088	25.38%	71.91%
2013	344,525	250,971	93,554	27.15%	68.99%
Total	4,105,528	3,035,549	1,069,979	26.06%	73.53%

资料来源：作者根据中国工业企业数据库和中国海关数据库合并编制。

从表 5-1 中可以看出，中国工业企业数据库样本逐年增加，说明中国制造企业的数量是逐渐递增的。其中，无论是内销样本还是外销样本都显现出逐增的趋势。我国出口企业占总企业的比例整体而言也是逐年递增的，从 2000 年的 18.56%到 2013 年的 27.15%，

① 合并中国工业企业数据库和中国海关数据库时，中国海关数据库中的有些企业并没有在中国工业企业数据库中找到匹配的样本，主要原因是中国工业企业数据库收集的是规模以上的工业企业，因此没有匹配上的企业销售量较小，对后续分析影响也较小。

中间随着关税政策的波动及国内出口退税政策的波动有所调整。从表 5-1 还可以看出，我国出口企业在出口的同时进口国外商品的比例也平均达 73.53%。这说明我国出口企业有较强的进口依赖性，但可喜的是，出口企业进口占比正在逐年降低，我国出口企业正在摆脱依靠劳动力盈利的模式。

第二节　中国制造企业异质性分析

一、指标的选取

为了了解中国制造企业，本节选取规模、主营业务成本率、利润率、收入增长率、总资产增长率、代理成本指标对中国制造企业进行描述，具体变量计算方法如表 5-2 所示。

表 5-2　**变量列表**

变量	含义	解　释
lnsale	销售规模	主营业务收入的自然对数
sale_gr	销售增长率	主营业务收入的自然对数后差分
pro_rate	主营业务利润率①	(主营业务收入-主营业务成本-营业税金及附加)/主营业务收入×100
lnoppft	营业利润	2006 年及以后含投资收益，2006 年前营业利润中不含投资收益②
lntotlpft	利润总额	营业利润减营业外收支调整即得到利润总额
ac	代理成本	管理费用/主营业务收入×100

① 主营业务利润率=(主营业务收入-主营业务成本)/主营业务收入×100，本书在分子上减去“营业税金及附加”是为了方便比较出口和内销。

② 2006 年财政部颁布的新的《企业会计准则第 30 号》。

销售规模体现的是企业的实力，一个企业销售规模越大，企业收入就越多，就更能抵抗各种风险；销售增长率体现的是企业的发展潜力，即使企业现有规模不大，但只要企业的销售增长率高，企业销售增长快，企业规模的扩大将指日可待；主营业务利润率体现的是企业基本的盈利能力。为了比较出口和内销样本，本指标中将营业税金及附加也计算在内。企业出口产品不仅不缴增值税，而且还按出口退税政策退还前期所缴的增值税，在计算收入时，销项税额本来就不计入主营业务收入，属于代收代缴性质，但增值税的附加税(比如城建税、教育费附加等)却直接计入当期损益了，这将影响企业的利润，因此将营业税金及附加计入该指标更适合用于比较内销和外销。营业利润和利润总额都是衡量企业盈利情况的指标，但利润总额更能准确衡量企业的盈利能力，因为利润总额剔除了营业外收支。代理成本描述的是企业管理的成本，本书用管理费用占主营业务收入的比例来衡量。

二、内销与外销的比较

将中国工业企业数据库(2000—2013 年)的数据分内销和出口从销售规模、销售增长率、主营业务利润率、营业利润、利润总额、代理成本六个方面进行均值比较，如表 5-3 所示。

表 5-3　**内销出口均值对比表**

年份	lnsale		sale_gr		pro_rate		lnoppft		lntotlpft		ac	
	内销	出口	内销	出口	内销	出口	内销	出口	内销	出口	内销	出口
2000	9. 37	10. 46			15. 58	15. 06	5. 99	7. 15	5. 80	7. 03	10. 44	8. 48
2001	9. 43	10. 43	17. 42	15. 14	14. 94	14. 57	6. 03	7. 17	5. 88	7. 06	9. 60	8. 29
2002	9. 52	10. 47	23. 76	24. 34	14. 92	14. 75	6. 16	7. 22	6. 01	7. 13	8. 99	8. 07
2003	9. 67	10. 57	32. 07	33. 32	14. 81	14. 83	6. 32	7. 33	6. 20	7. 24	7. 96	7. 36
2004	9. 68	10. 48	35. 62	33. 30	13. 80	13. 86	6. 25	7. 20	6. 18	7. 15	7. 30	7. 38

续表

年份	lnsale		sale_gr		pro_rate		lnoppft		lntotlpft		ac	
	内销	出口	内销	出口	内销	出口	内销	出口	内销	出口	内销	出口
2005	9.89	10.64	47.55	42.43	14.45	14.14	6.56	7.36	6.46	7.29	6.59	6.86
2006	10.01	10.74	41.14	33.51	14.53	14.64	6.69	7.45	6.58	7.38	6.15	6.68
2007	10.17	10.82	47.27	33.07	15.01	14.91	6.91	7.58	6.79	7.49	5.61	6.65
2008	10.14	10.76	46.06	24.51	14.72	14.22	6.96	7.55	6.86	7.47	5.66	7.20
2009	10.35	10.75	58.49	24.86	14.12	14.43	7.10	7.56	7.02	7.49	5.54	7.18
2010	11.06	11.28	140.17	93.95	14.68	14.43	8.30	8.35	8.10	8.19	4.09	5.25
2011	11.07	11.29	0.04	0.03	14.60	14.49	8.30	8.36	8.10	8.20	4.06	5.21
2012	11.09	11.30	0.02	0.02	14.64	14.66	8.33	8.39	8.14	8.23	4.04	5.24
2013	11.45	11.63	71.63	63.62	14.25	14.91	8.29	8.35	8.26	8.34	4.67	6.75
均值	10.35	10.93	46.24	33.79	14.59	14.53	7.29	7.80	7.13	7.69	5.96	6.62

观察表5-3中各年度我国制造企业的变化可知，我国内销和出口企业在销售规模、规模增长、主营业务利润率、销售增长率和代理成本方面都有差异。从均值看：出口企业一般规模更大，这也比较符合克鲁格曼的观点(Paul R. Krugman，1979)，出口企业通过增加销量，摊薄固定成本，为企业带来更多利润。但是，出口企业的增长较内销企业缓慢。出口企业的增长速度长期低于内销企业，造成内销企业和出口企业规模的差距却逐年降低。这可能与我国国内市场却在逐渐成熟，和国际市场的差距逐渐缩小有关。对主营业务利润率而言，在考虑出口退税政策及营业税金及附加后，出口企业的主营业务利润率仅略小于内销企业，差异不大。但是出口企业凭借其规模优势，使营业利润和利润总额均明显大于内销企业。尽管出口企业和内销企业的营业利润和利润总额都逐年增加，但出口的优势却在逐渐消失。在2004年以前是内销企业的代理成本大于出口企业的代理成本，从2004年开始，我国出口企业的代理成本

超过于内销企业，说明我国出口企业管理费用在逐年增加。均值有时并不能说明问题，于是我们来考察中位数(见表5-4)。

表5-4　　**工业企业绩效内出口中位数对比**

年份	lnsale		sale_gr		pro_rate		lnoppft		lntotlpft		ac	
	内销	出口	内销	出口	内销	出口	内销	出口	内销	出口	内销	出口
2000	9.31	10.30			13.16	12.99	6.11	7.15	5.98	7.05	6.13	6.23
2001	9.34	10.28	3.95	3.97	12.33	12.44	6.11	7.18	6.01	7.07	5.52	6.11
2002	9.43	10.33	8.06	10.68	12.10	12.62	6.21	7.21	6.11	7.12	5.11	5.93
2003	9.55	10.41	13.38	18.15	11.81	12.48	6.36	7.31	6.27	7.26	4.53	5.42
2004	9.48	10.29	15.30	18.00	10.80	11.68	6.25	7.17	6.21	7.13	4.40	5.46
2005	9.72	10.48	17.86	19.04	11.52	12.09	6.56	7.35	6.48	7.28	3.97	5.09
2006	9.85	10.59	16.68	16.60	11.59	12.50	6.68	7.44	6.59	7.37	3.74	5.02
2007	10.02	10.68	21.11	16.78	12.17	12.84	6.90	7.58	6.79	7.48	3.59	5.05
2008	9.96	10.63	17.77	8.04	12.11	12.50	6.96	7.56	6.89	7.50	3.73	5.41
2009	10.22	10.62	12.07	-0.50	11.68	12.64	7.11	7.56	7.04	7.50	3.49	5.38
2010	10.91	11.09	78.50	45.52	13.21	13.28	8.17	8.17	8.03	8.09	3.10	4.36
2011	10.91	11.10	0.00	0.00	13.18	13.33	8.17	8.18	8.04	8.09	3.11	4.36
2012	10.93	11.11	0.00	0.00	13.11	13.39	8.21	8.22	8.09	8.14	3.05	4.37
2013	11.31	11.46	26.83	18.31	12.19	13.24	8.38	8.36	8.36	8.35	2.96	5.32
中位数	10.31	10.81	6.69	5.69	12.38	12.84	7.43	7.81	7.25	7.70	3.61	5.00

观察表5-4中各年度我国制造企业的变化可知，我国内销和出口企业在销售规模、规模增长、主营业务利润率、销售增长率和代理成本方面有着明显差异。从中位数看，出口企业一般规模更大，但由于出口企业的增长较内销企业缓慢，造成内销企业和出口企业规模的差距却逐年缩小。对主营业务利润率而言，在考虑出口退税政策及营业税金及附加后，出口企业的主营业务利润率略大于内销

企业。营业利润和利润总额均明显大于内销企业。尽管出口企业和内销企业的营业利润和利润总额都在逐年增加，但出口的优势在逐渐消失。我国出口企业的代理成本超过内销企业，且差异逐年增大，说明我国出口企业管理费用在逐年增加。总之，无论从均值还是中位数进行观察，种种迹象表明，国内正在崛起，我国对出口的依赖正在减弱。

运用核密度图来直观看一下利润率、销售增长率、代理成本，这三个指标的核密度图如图 5-1、图 5-2、图 5-3 所示。

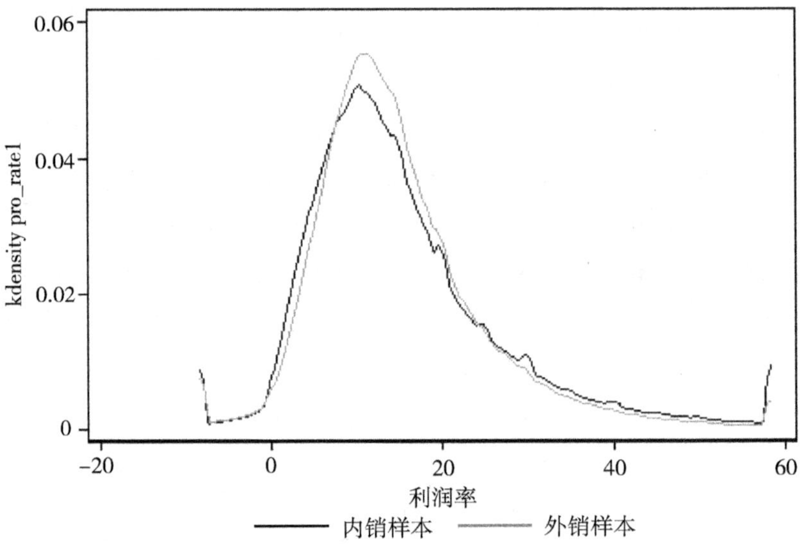

图 5-1　内外销利润率核密度图对比

三、制造业企业分地区差异分析

将样本所属省份按中国统计年鉴划分为东部地区、中部地区、西部地区、东北地区。东部地区有 10 个省份，包括北京、天津、河北、上海、江苏、浙江、福建、山东、广东和海南；中部地区有 6 个省份，包括山西、安徽、江西、河南、湖北和湖南；西部地区

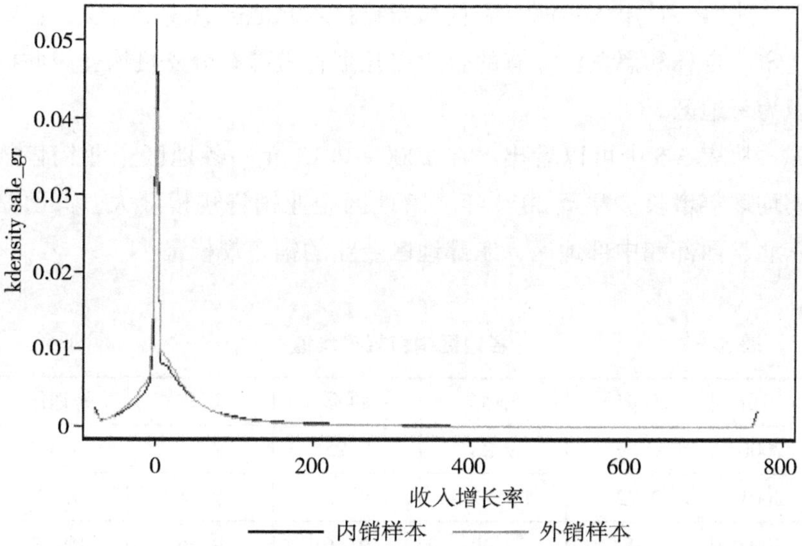

图 5-2　内外销售增长率核密度图对比

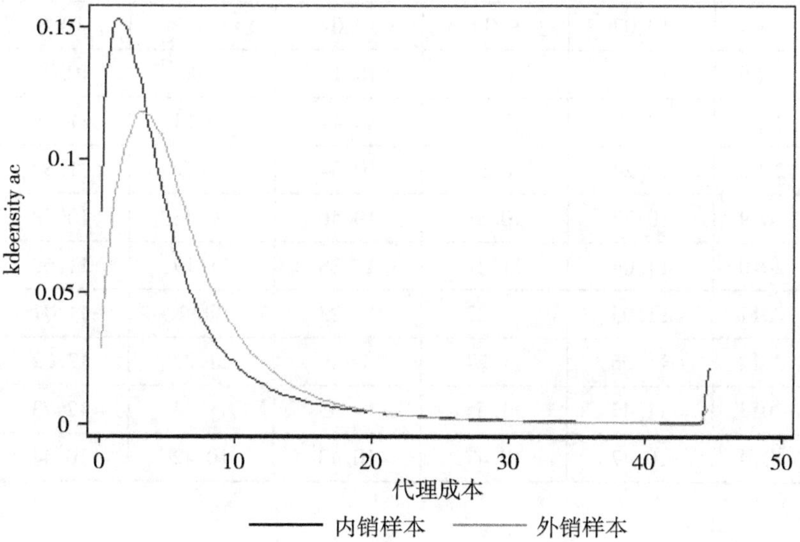

图 5-3　内外销代理成本核密度图对比

有 12 个省份，包括内蒙古、广西、重庆、四川、贵州、云南、西藏、陕西、甘肃、青海、宁夏和新疆；东北地区有 3 个省份，包括辽宁、吉林和黑龙江。有的企业在几个省份都有分支机构，因此标识为跨地区。

从表 5-5 中可以看出，在 2000—2013 年，各地区企业销售规模均逐年增长。截至 2013 年，跨地区企业销售规模最大，其次是东北、西部和中部地区，东部地区企业的销售规模最小。

表 5-5　　　　　　　　**各地区销售规模均值**

年份	东部	中部	西部	东北	跨地区
2000	9.69	9.23	9.25	9.36	9.95
2001	9.72	9.31	9.33	9.46	9.82
2002	9.8	9.44	9.46	9.56	10.13
2003	9.92	9.63	9.65	9.73	10.25
2004	9.86	9.74	9.85	9.74	10.46
2005	10.07	9.99	10.02	9.87	10.8
2006	10.18	10.13	10.17	9.96	10.93
2007	10.3	10.32	10.41	10.15	11.26
2008	10.24	10.32	10.34	10.2	11.32
2009	10.37	10.53	10.56	10.46	10.38
2010	11.04	11.21	11.28	11.19	11.68
2011	11.05	11.22	11.28	11.2	11.71
2012	11.06	11.24	11.3	11.22	12.02
2013	11.42	11.55	11.55	11.74	12.73
均值	10.47	10.47	10.43	10.42	10.44

从表 5-6 中可以看出，在 2000—2013 年，各地区企业销售规模增长情况良好，其中，跨地区企业销售规模增长最快，其次是东

北和中部地区，西部和东部地区销售规模增长最慢。

表 5-6　　各地区销售规模增长均值

年份	东部	中部	西部	东北	跨地区
2001	15.01	21.86	17.14	20.31	28.97
2002	21.61	30.66	23.87	25.43	20.77
2003	30.10	40.87	29.77	35.59	30.85
2004	31.46	44.23	37.70	41.96	16.71
2005	43.46	64.88	40.94	45.77	56.89
2006	35.41	49.75	40.57	50.53	34.58
2007	37.16	58.30	47.72	64.56	37.26
2008	30.18	63.59	56.05	79.34	30.23
2009	40.27	71.39	60.98	82.23	161.53
2010	129.12	128.56	145.40	135.54	74.00
2011	0.04	0.04	0.04	0.03	0.95
2012	0.02	0.03	0.05	0.01	0.00
2013	57.49	98.25	68.57	108.67	84.84
均值	39.49	53.06	45.64	55.81	141.19

从表 5-7 中可以看出，在 2000—2013 年，东部和东北地区企业主营业务利润率缓慢下降；中部、西部、跨地区企业的主营业务利润率一直处于波动中。

表 5-7　　各地区主营业务利润率均值

年份	东部	中部	西部	东北	跨地区
2000	14.82	16.15	16.97	15.99	16.76
2001	14.19	15.53	16.65	15.22	13.25

续表

年份	东部	中部	西部	东北	跨地区
2002	14.09	15.78	16.87	15.27	16.12
2003	13.94	16.11	16.88	15.13	14.95
2004	13.01	15.60	15.70	14.03	18.04
2005	13.51	16.58	16.24	14.07	17.22
2006	13.63	16.52	17.10	13.86	18.07
2007	13.75	17.87	17.73	14.53	18.57
2008	13.57	17.41	17.26	14.96	17.68
2009	13.37	16.11	16.39	14.01	14.79
2010	13.91	16.18	16.92	14.67	17.23
2011	13.89	16.06	16.88	14.65	17.56
2012	13.88	16.13	17.06	14.69	17.57
2013	13.85	15.10	16.39	13.45	17.76
均值	13.74	16.24	16.80	14.49	15.13

从表5-8中可以看出，在2000—2013年，各地区营业利润均处于增长。截至2013年，跨地区企业的营业利润明显高于其他地区。

表5-8　**各地区营业利润均值**

年份	东部	中部	西部	东北	跨地区
2000	6.29	5.91	5.83	5.97	6.72
2001	6.31	5.96	5.93	6.12	6.28
2002	6.43	6.10	6.18	6.19	7.01
2003	6.57	6.33	6.35	6.39	6.72
2004	6.39	6.48	6.57	6.29	7.32
2005	6.72	6.80	6.78	6.40	7.65

续表

年份	东部	中部	西部	东北	跨地区
2006	6.84	6.96	6.94	6.42	7.92
2007	6.97	7.32	7.26	6.77	8.49
2008	6.93	7.53	7.32	7.01	8.74
2009	7.06	7.54	7.50	7.11	7.27
2010	8.18	8.60	8.62	8.42	9.15
2011	8.18	8.62	8.63	8.43	9.22
2012	8.20	8.66	8.68	8.47	9.70
2013	8.14	8.55	8.52	8.56	10.23
均值	7.31	7.61	7.49	7.33	7.36

从表5-9中可以看出，在2000—2013年，各地区企业利润总额均处于增长。截至2013年，跨地区企业的利润总额明显高于其他地区。

表5-9　**各地区利润总额均值**

年份	东部	中部	西部	东北	跨地区
2000	6.15	5.65	5.58	5.75	6.49
2001	6.21	5.75	5.67	5.9	6.31
2002	6.34	5.89	5.84	6.04	6.85
2003	6.49	6.16	6.16	6.22	6.86
2004	6.35	6.36	6.44	6.25	7.39
2005	6.64	6.66	6.62	6.3	7.59
2006	6.76	6.81	6.79	6.34	7.92
2007	6.89	7.10	7.06	6.66	8.37
2008	6.86	7.39	7.16	6.84	8.66

续表

年份	东部	中部	西部	东北	跨地区
2009	7.00	7.43	7.36	7.02	7.2
2010	7.97	8.44	8.47	8.26	9.06
2011	7.97	8.47	8.48	8.26	9.12
2012	7.99	8.51	8.53	8.3	9.62
2013	8.12	8.51	8.45	8.51	10.2
均值	7.18	7.43	7.29	7.17	7.29

从表5-10中可以看出，在2000—2013年，各地区代理成本均处于降低。截至2013年，中部和东北地区企业的代理成本明显低于其他地区。

表5-10　**各地区代理成本的均值**

年份	东部	中部	西部	东北	跨地区
2000	8.81	10.64	13.26	12.77	8.67
2001	8.13	9.91	12.56	11.99	9.96
2002	7.69	9.1	12.05	11.09	8.29
2003	6.9	8.06	10.89	9.44	8.63
2004	6.61	7.5	9.78	8.83	8.43
2005	6.17	6.41	8.62	7.47	6.99
2006	5.87	5.93	8.04	6.79	7.15
2007	5.64	5.24	7.02	6.33	5.3
2008	6.02	5.03	6.8	6.07	8.89
2009	5.97	4.79	6.87	5.76	6.12
2010	4.35	3.82	4.83	4.31	5.54
2011	4.31	3.8	4.76	4.28	5.48

续表

年份	东部	中部	西部	东北	跨地区
2012	4. 27	3. 79	4. 76	4. 24	5. 89
2013	5. 39	4. 14	5. 72	4. 79	5. 71
均值	5. 77	5. 72	7. 82	6. 71	6. 33

四、制造业企业分企业所有制差异分析

中国作为社会主义国家，企业绩效与企业所有制密切相关。为了研究贸易政策对不同所有制的影响，将没有国家、集体、外商出资的企业算作私营企业；把有国家、集体、外商出资的企业中，国家、集体出资大于外商的算作国营企业，外商出资大于国家和集体的算作外商企业。按均值和中位数汇总如表 5-11 所示。

表 5-11　　**分企业所有制均值和中位数对比**

所有制	lnsale		sale_gr		pro_rate		lnoppft		lntotlast		ac	
	mean	p50	mean	p50	mean	p50	mean	p50	mean	p50	mean	p50
私营	10. 54	10. 48	47. 21	4. 84	14. 26	12. 34	7. 45	7. 57	7. 31	7. 40	5. 10	3. 49
外商	10. 60	10. 44	33. 42	13. 28	15. 19	12. 70	7. 51	7. 49	7. 44	7. 42	7. 65	5. 64
国有	9. 74	9. 62	24. 27	8. 62	16. 36	13. 70	6. 58	6. 62	6. 39	6. 49	11. 78	7. 31
均值	10. 46	10. 41	43. 74	6. 46	14. 58	12. 48	7. 38	7. 50	7. 23	7. 33	6. 08	3. 88

从表 5-11 中可以看出，在规模方面，私营、外商企业规模较国企更大，且增长速度也比较快在主营业务利润率方面，国有企业的主营业务利润率不仅在均值还在中位数上均高于外商和私营企业。在企业盈利方面，国营企业由于规模的原因，盈利能力明显弱于私营企业和外商企业。在代理成本方面，私营企业明显效率更高，国营企业则由于管理复杂，效率最低。

第六章　不确定性对出口的影响研究

本章的主要目的在于分析经济政策不确定性和贸易政策不确定性对产品层面的影响。本章首先分析了不确定性对出口在产品层面的影响，其次，通过分析我国企业所面临的经济政策不确定性、贸易政策不确定性、关税、出口退税政策，从产品层面了解经济政策和贸易政策对不同产品市场的影响。揭示经济政策不确定性和贸易政策不确定性与各产品市场之间的内在联系，为后续的企业层面的研究提供经验证据。本章主要通过对来自 CEPII 数据库、出口退税文库、WITS 数据库、WDI 数据库的数据进行研究。前面章节已对我国面临的经济政策和贸易政策的现状进行了描述，本章主要运用拓展的引力模型验证经济政策不确定性和贸易政策不确定性对出口增长的影响。

第一节　问题的提出

经济政策不确定性和贸易政策不确定性对产品层面的影响是对企业层面影响的基础。根据风险收益理论，企业根据出口产品组合来承担经济政策不确定性和贸易政策不确定性。本章首先分析了不确定性对出口影响的理论机制；其次，通过实证检验验证了经济政策不确定性对出口的影响；最后，通过实证分析贸易政策不确定性对出口的影响。通过计算出我国每年加权平均的关税变化作为系统性贸易政策不确定性，来衡量由于经济波动、退出 TPP 等事件带来的关税波动。

系统性贸易政策不确定性指标体现出我国每年所面临的关税波动。如果其他国家或地区数据计算了这个指标，可以和我国的这个指标进行横向比较，因为关税的相对不确定性也会对我国贸易造成转移效应。计算出我国各出口目的地—产品对的关税波动，两者差异是该产品的非系统性贸易政策不确定性所造成的，是企业管理当局可以分散掉的，如果没有分散掉就是管理水平问题。控制行业的情况下还可以在行业层面进行研究。系统性贸易政策不确定性越高，我国出口定价就越高，因为变动成本会比较高。本章使用 CEPII 数据库的中国出口数据和 WITS 数据库的关税数据进行合并，运用拓展后的引力模型从产品层面研究我国贸易政策不确定性对中国出口贸易流的影响。从整体层面把握我国出口所面临的贸易政策不确定性及其对我国出口额的影响。

第二节 理论机制

根据 Melitz(2003)的模型，企业进入国外市场需要付出两组成本：一组是固定成本，比如进入成本；另一组是变动成本，比如运费。引用萨缪尔森的冰山理论，设定系数 $g<1$ 为到达国外市场的系数。在存在不确定性的情况下，按照风险收益原则，企业对收益的期望会随着不确定性的提高而提高，这相当于增大了出口产品的变动成本，也就是增大了流冰成本，即 g 更小了，将运费、关税以及中国企业面临的经济政策不确定性和贸易政策不确定性共同设定为 $1-g$，则：

$$g \cdot p_x(\varphi) = p_d(\varphi)$$

令 $1/g=\tau$，则 $p_x(\varphi)=\tau \cdot p_d(\varphi)$，从这里可以看到出口国外市场的价格提高了，因此降低了出口产品在市场上的竞争力。

将 $p_x(\varphi)=\tau \cdot p_d(\varphi)$，代入 $\frac{r(\varphi)}{R}=\left[\frac{p(\varphi)}{P}\right]^{1-\sigma}$ 中得：

$$r_x(\varphi)=\tau^{1-\delta} \cdot r_d(\varphi)$$

可以看出，企业在国际市场上的定价会提高，产品销售数量会降低，因此企业收益也会降低，出口国外市场的利润更小了。

而且，由于贸易政策不确定性的存在，企业本可出口的部分很可能选择内销，这便进一步挤占内销市场的空间，使内销企业的生存环境进一步恶化。本章使用拓展的引力模型，引入经济政策不确定性和贸易政策不确定性，从产品层面来测算不确定性对企业出口的影响，同时控制了出口退税这个变量。与经济政策不确定性和贸易政策不确定性相反，出口退税是我国用来促进出口的贸易政策。增值税作为流转税，在出口时理应退税，使用不含税的价格去国际市场竞争。但现实中，出口退税的力度也有不同，但通常会对贸易产生一定的促进作用。因此，我们认为经济政策不确定性和贸易政策不确定性均对产品层面的出口额有负向影响，其影响和关税相似，关税的提高、经济政策不确定性和贸易政策不确定性的增大，不仅影响出口企业的出口额，还会对内销市场造成挤压，掠夺内销企业的生存空间；出口退税率的提高对产品出口则有正向影响。

第三节　经济政策不确定性对出口影响的经验证据

一、数据来源

本章数据来自 CEPII 数据库的中国向世界各国的出口数据、重力数据，出口退税文库的出口退税率数据，WDI 数据库的平减数据及 Economic Policy Uncertainty 网站(http：//www.policyuncertainty.com)上公布的经济政策不确定性指标数据。所有贸易数据都将商品编码的前 6 位视为产品，编码转换为 HS02 版本。研究经济政策不确定性对出口的影响时，因为经济政策不确定性数据的可得性，仅保留中国内地向欧盟、美国、日本、韩国、新加坡、印度、俄罗斯以及中国香港出口的1,263,587个样本，此样本仍为大样本。样本期间为 2000—2016 年。

二、主要变量

本书选取中国的出口贸易额、中国和其贸易伙伴的 GDP、贸易双方之间的距离、出口退税率、中国及其贸易伙伴的经济政策不确定性以及贸易伙伴是否为欧盟成员等指标，GDP 数据根据各国 GDP 平减指数均进行平减，我国出口额根据我国 CPI 指数进行平减，基年均为 2000 年。保留中国内地向欧盟、美国、日本、韩国、新加坡、印度、俄罗斯以及中国香港出口的 1，263，587 个样本，此样本仍为大样本。样本期间为 2000—2016 年。各指标如表 6-1 所示。

表 6-1　**模型变量描述及数据来源**

变量	解释	数据来源
$\ln(value_{ijtp})$ ①	出口额的自然对数	CEPII-BACI 数据库
$\ln GDP_{ijt}$	中国和贸易伙伴的 GDP 乘积的自然对数	WDI 数据库
$\ln(Dist_{ij})$	中国和贸易伙伴距离的自然对数	CEPII-BACI 数据库
tsl_{tp}	出口退税率	出口退税文库
EPU_{jt}	中国贸易伙伴的经济政策不确定性	http://www. policyuncertainty. com
EPU_china_t	中国经济政策不确定性	http://www. policyuncertainty. com
EU	贸易伙伴是否为欧盟成员	联合国网站

三、模型设定

本章采用引力模型来研究经济政策不确定性对我国出口贸易额

① 出口额的自然对数(进行了加 1 处理)。

的影响。引力模型是国际贸易理论中最常用的模型之一，它是1962年由简·丁伯根提出的。他认为两国贸易流量的大小与两国的经济规模呈正比，与两国的距离呈反比。本章研究经济政策不确定性和出口退税政策共同作用后的效果，因此在引力模型中加入经济政策不确定性和出口退税率变量。如果经济政策不确定性变量系数显著为负，说明经济政策不确定性对贸易造成影响，使贸易额对比引力模型的“自然”贸易流量要少，说明经济政策不确定性对出口有抑制作用。出口退税率系数为正且显著，说明比引力模型所预测的“自然”贸易流量多，说明出口退税率调增会对出口贸易量有正向调节作用。模型还加入贸易伙伴是否为欧盟成员这个虚拟变量。具体模型形式如下：

$$\ln(value_{ijtp}) = \beta_0 + \beta_1 \ln(GDP_{it} * GDP_{jt}) + \beta_2 \ln(Dist_{ij}) + \beta_3 tsl_{ijtp} + \beta_4 EPU_{jt} + \beta_5 EPU\_china_t + \beta_6 EU\_year + \xi_{ijtp} \tag{6-1}$$

其中，$\ln(value_{ijtp})$ 是 t 年 i 国向 j 国出口的 p 商品贸易量的自然对数。这里 i 国指的是中国，j 国指的是进口国，即中国出口目的地。GDP_{it} 是指出口国的 GDP，GDP_{jt} 是指进口国的 GDP。$Dist_{ij}$ 是指出口国和进口国之间的距离，tsl_{tp} 是指 t 年出口 p 商品的出口退税率。EPU_{jt} 指中国贸易伙伴 j 在 t 年的经济政策不确定性，反映中国不同贸易伙伴经济政策不确定性的个体差异。EPU_china_t 是指中国国内的经济政策不确定性，反映中国不同年度经济政策不确定性的差异。EU_year 是指该年中国的贸易伙伴是否为欧盟成员。ξ_{ijtp} 是随机误差项。

四、变量的统计性描述

首先对变量剔除了缺漏值，并进行统计性描述如表 6-2 所示。从表 6-2 中可以看到经济政策不确定性均值和方差都比较大，说明中国出口所涉及的经济政策波动还是比较大的。

表 6-2　　变量统计性描述表

Variable	Obs	Mean	Std. Dev.	Min	Max
$\ln(value_{ijtp})$	1,241,252	12.21	3.07	0.53	24.53
$\ln(GDP_{ijt})$	1,241,252	55.53	1.77	50.48	59.73
$\ln(Dist_{ij})$	1,241,252	8.70	0.61	7.06	9.32
tsl_{tp}	1,241,252	12.02	4.76	0.00	17.00
EPU_{jt}	1,241,252	138.26	52.15	49.48	274.78
EPU_china_t	1,241,252	143.53	77.82	55.69	364.83
EU	1,241,252	0.69	0.46	0	1

五、计量结果

根据计量模型的设定，本书基准回归采用混合 OLS 模型、固定效应模型（FE）和随机效应模型（RE）。混合 OLS 回归结果如表6-3所示。

表 6-3　　混合 OLS 回归结果（以 2000 年为基期）

$\ln(value_{ijtp})$	(1)	(2)	(3)
$\ln(GDP_{ijt})$	0.608***	0.628***	0.571***
	(0.00146)	(0.00145)	(0.00159)
$\ln(Dist_{ij})$	−0.758***	−0.775***	−0.410***
	(0.00432)	(0.00428)	(0.00609)
EPU_{jt}	−0.00175***	−0.00201***	0.000224***
	(0.0000800)	(0.0000793)	(0.0000834)
EPU_china_t	0.000205***	0.000492***	−0.000420***
	(0.0000531)	(0.0000527)	(0.0000536)

续表

$\ln(value_{ijtp})$	(1)	(2)	(3)
tsl_{tp}		0.0773*** (0.000532)	0.0769*** (0.000531)
EU			−0.757*** (0.00901)
_cons	−14.77*** (0.0905)	−16.62*** (0.0906)	−16.31*** (0.0905)
N	1,241,252	1,241,252	1,241,252
R^2	0.155	0.169	0.173

注：***、**、*分别表示在1%、5%、10%的显著性水平上通过检验；"( )"中的数字为相应的标准误。

从三个模型可以看出，$\ln(GDP_{ijt})$ 反映两国的经济规模。两国经济规模对中国出口的影响用三个模型估计都显著为正。$\ln(Dist_{ij})$ 反映两国距离，两国距离增加，用混合 OLS 模型估算中国出口额将会下降。出口退税率 tsl_{tp} 对中国出口的影响在两个模型下都是显著为正的，说明中国出口退税政策促进了出口。EU 是衡量中国的贸易伙伴国是否是欧盟成员国，用混合 OLS 模型估算出该指标显著为负，说明贸易伙伴是欧盟成员国，中国对其出口额将小于"自然"贸易流量，欧盟成员国之间政策不确定性极低，形成了贸易的转移效应。观察经济政策不确定性的回归系数发现，三个模型的估计结果差异较大，因此我们换固定效应模型进行估计，如表 6-4 所示。

表 6-4　　**FE 回归结果(以 2000 年为基期)**

$\ln(value_{ijtp})$	(1)	(2)	(3)
$\ln(GDP_{ijt})$	0.940*** (0.00262)	0.967*** (0.00283)	0.967*** (0.00283)

续表

$\ln(value_{ijtp})$	(1)	(2)	(3)
$\ln(Dist_{ij})$	—	—	—
EPU_{jt}	-0.000866*** (0.0000485)	-0.00107*** (0.0000492)	-0.00107*** (0.0000492)
EPU_china_t	-0.000583*** (0.0000289)	-0.000554*** (0.0000290)	-0.000554*** (0.0000290)
tsl_{tp}		0.0137*** (0.000555)	0.0137*** (0.000555)
EU	—	—	—
_cons	-39.76*** (0.143)	-41.40*** (0.157)	-41.40*** (0.157)
N	1,241,252	1,241,252	1,241,252
R^2	0.132	0.133	0.133

注：***、**、*分别表示在1%、5%、10%的显著性水平上通过检验；“( )”中的数字为相应的标准误。

从三个模型可以看出，$\ln(GDP_{ijt})$ 反映两国的经济规模。两国经济规模对中国出口的影响用三个模型估计都显著为正。$\ln(Dist_{ij})$ 反映两国距离，该变量不随时间改变，因此不进入固定效应模型。出口退税率 tsl_{tp} 对中国出口的影响在两个模型下都是显著为正的，说明中国出口退税政策促进了出口。EU 是衡量中国的贸易伙伴国是否是欧盟成员国，与距离变量一样，也不随时间改变，因此也不进入固定效应模型。观察经济政策不确定性的回归系数发现，三个模型的估计结果均为负，说明无论是中国国内的经济政策不确定性还是贸易伙伴的经济政策不确定性都会对出口造成抑制作用。其中，从回归系数的绝对值来看，贸易伙伴的经济政策不确定性对中国出口的影响更大。为了检测该计量结果的稳健性，我们换随机效应模型进行估计，如表 6-5 所示。

表 6-5 **RE 回归结果(以 2000 年为基期)**

$\ln(value_{ijtp})$	(1)	(2)	(3)
$\ln(GDP_{ijt})$	0.853***	0.874***	0.871***
	(0.00228)	(0.00239)	(0.00247)
$\ln(Dist_{ij})$	−0.891***	−0.883***	−0.824***
	(0.0148)	(0.0144)	(0.0208)
EPU_{jt}	−0.000335***	−0.000510***	−0.000480***
	(0.0000474)	(0.0000478)	(0.0000483)
EPU_china_t	−0.000517***	−0.000475***	−0.000477***
	(0.0000289)	(0.0000290)	(0.0000290)
tsl_{tp}		0.0167***	0.0166***
		(0.000522)	(0.000523)
EU			−0.105***
			(0.0268)
_cons	−27.92***	−29.35***	−29.62***
	(0.185)	(0.190)	(0.205)
N	1,241,252	1,241,252	1,241,252
R^2			

注：***、**、*分别表示在 1%、5%、10%的显著性水平上通过检验；"( )"中的数字为相应的标准误。

从三个模型可以看出，$\ln(GDP_{ijt})$ 反映两国的经济规模。两国经济规模对中国出口的影响用三个模型估计都显著为正。$\ln(Dist_{ij})$ 反映两国距离，两国距离增加，用随机效应模型估算中国出口额将会下降。出口退税率 tsl_{tp} 对中国出口的影响在两个模型下都是显著为正的，说明中国出口退税政策促进了中国出口。EU 是衡量中国的贸易伙伴国是否是欧盟成员国，用随机效应模型估算结果和混合 OLS 模型的估计结果一样均显著为负，说明贸易伙伴是欧盟成员国，中国对其出口额将小于“自然”贸易流量，欧盟成员国之间政策不确定性极低，形成了贸易的转移效应。观察经济政策不确定性的回归系数发现，随机效应估计的三个模型的估计结果与固定效应估计的一样，均显著为负，说明无论是中国国内的经济政策不确定性还是贸易伙伴的经济政策不确定性都会对出口造成抑制作用。总之，采用混合 OLS 模型、固定效应模型和随机效应模型估计出的经济政策不确定性的符号都一致，均显著为负，且通过了 T 检验。

第四节　贸易政策不确定性对出口影响的经验证据

一、数据来源

本章数据来自 CEPII 数据库的中国向世界各国的出口数据、重力数据，出口退税文库的出口退税的退税率数据，WITS 数据库的关税数据，WDI 数据库的平减数据及 Economic Policy Uncertainty 网站(http：//www. policyuncertainty. com)上公布的经济政策不确定性指标数据。所有中国出口数据都取 HS6 位作为产品，编码转换为 HS02 版本。研究经济政策不确定性对出口的影响时，因为经济政策不确定性数据的可得性，仅保留中国内地向欧盟、美国、日本、韩国、新加坡、印度、俄罗斯以及中国香港出口的 1,241,664 个样本，样本期间为 2000—2016 年。分析贸易政策不确定性对出口的影响时，本书尝试性地将贸易政策不确定性分为两种：系统性贸易政策不确定性和非系统性贸易政策不确定性。收集 CEPII 数据库的数据合并 WDI、WITS、出口退税文库的数据，关税数据使用 WTO 的 Tariff Downlands Facility 数据库交叉检验，缺失数据由 Tariff Downlands Facility 数据库的数据补充，实际关税数据合并成功达 74. 90%，最惠国税率合并成功达 84. 78%，远高于单一数据库取到的关税数据。CEPII 商品编码版本包括 HS92、HS96、HS02、

HS07、HS12、HS17 版本，为了合并方便，统一转为 HS02 版本的 6 位编码后共取得 4,783,008 个样本，包括 215 个国家或地区，删除主要变量缺失的样本后保留 3,582,297 个样本，占总样本的 74.90%，包括 198 个国家或地区，此样本仍为大样本。

二、主要变量

为了研究贸易政策不确定性对中国出口的影响，本章数据主要来自 5 个数据库。第一个数据库是 CEPII-BACI 数据库。本章按照 HS02 分类的 6 位数微观贸易数据，提取了中国 2000—2016 年对所有贸易伙伴的出口数据。第二个数据库是 CEPII 的重力数据，该数据库包含了引力模型所需的重力数据。第三个数据库是 WDI 数据库。本章用到的样本期间的 GDP 指标和平减指数等地区或国家层面的宏观数据，均取自 WDI 数据库①。第四个数据库是国税局网站发布的出口退税文库。出口退税文库详细列示了 8～10 位数产品编码的出口退税率及出口退税政策实施的起止日期。在 2000—2016 年，出口退税文库的产品编码版本包括 HS92、HS96、HS02、HS07、HS12 五个版本，为了和 CEPII-BACI 数据库的贸易数据合并，截取产品编码前 6 位，并将产品编码转换为 HS02 版本。相同产品编码对应不同的出口退税率时，本章对出口退税率进行了算术平均处理。第五个数据库是世界银行的 WITS 关税数据库②。该数据库在 2000—2016 年的产品编码版本包括 HS92、HS96、HS02、HS07、HS12 五个版本，本章将产品编码转为 HS02 版本。本章关税数据以 WITS 数据库的关税数据为主，并使用 WTO 的 Tariff Downloads Facility 数据库的交叉检验，缺失数据由 Tariff Downloads

---

① WDI 数据库为了剔除通货膨胀因素，所有出口额均采用 WDI 数据库的平减数据，平减到 2000 年。

② WITS 关税数据库包括世界 180 多个国家的最惠国关税税率及实际关税税率。

Facility 数据库的数据补充①。合并五个数据库，并进行了零贸易流的填充，删除主要变量缺失的样本，并处理为平衡面板，本书选取中国出口贸易额、出口国和进口国的 GDP、贸易国之间的距离、出口退税率、实际关税、贸易政策不确定性这六个指标，GDP 数据根据各国 GDP 平减指数均进行平减，我国出口额根据我国 CPI 指数进行平减，基年均为 2000 年。删除了缺失值后共取得 4,783,008个样本，包括 215 个国家，删除主要变量缺失的样本后保留2,699,790个样本，占总样本的 74.90%，包括 198 个国家，此样本仍为大样本。各指标如表 6-6 所示。

表 6-6　**模型变量描述及数据来源**

变量性质	变量	解释	数据来源
被解释变量	$\ln(value_{ijtp})$	出口额的自然对数	CEPII-BACI 数据库
解释变量	TPU_t	贸易政策不确定性	WITS+Tariff Downloads Facility 数据库
	T_TPU_t	系统性贸易政策不确定性	
	F_TPU_{ijtp}	非系统性贸易政策不确定性	
控制变量	$\ln(GDP_{ijt})$	贸易双方 GDP 乘积的自然对数	WDI 数据库
	$\ln(Dist_{ij})$	贸易双方距离的自然对数	CEPII-BACI 数据库
	AHS_{ijtp}	贸易伙伴给中国的实际进口关税	WITS 数据库
	tsl_{tp}	中国出口退税率	出口退税文库
	EU	贸易伙伴是否为欧盟成员	

核心变量 TPU 是指的贸易政策不确定性，是由约束关税减去实际关税得到的差额。在和 WITS 数据库的关税数据合并时要考虑两国是否同时为 WTO 成员国。只有两国均为 WTO 成员国时才受

① WTO 的 Tariff Downloads Facility 数据库包括世界 150 多个国家的关税税率。

最惠国关税(MFN)的约束，如果其中一国没有加入WTO，则另一国只承诺按约束关税(BND)。另外，如果约束关税BND小于AHS，则借鉴Alberto等(2015)用三倍AHS代替约束税率的做法。另外，在最惠国关税为约束关税的情况下，如果最惠国关税小于实际关税也用三倍则贸易政策不确定性也按实际关税的三倍减去实际关税的差额计算。表6-7列出了2000年开始加入WTO的国家，本章将2000年上半年加入WTO的国家视为当年受最惠国税率约束，2000年下半年加入WTO的国家视为下年开始受最惠国税率约束。

表6-7 **2000年后加入WTO的国家**

国家	加入WTO时间	约束税率
约旦	2000年04月11日	无需调整
格鲁吉亚	2000年06月14日	2000需调整
阿尔巴尼亚	2000年09月08日	2000需调整
阿曼	2000年11月09日	2000需调整
克罗地亚	2000年11月30日	2000需调整
立陶宛	2001年05月31日	2000需调整
摩尔多瓦	2001年07月26日	2000—2001需调整
中国	2001年12月11日	2000—2001需调整
亚美尼亚	2003年02月05日	2000—2002需调整
马其顿	2003年04月04日	2000—2002需调整
尼泊尔	2004年04月23日	2000—2003需调整
柬埔寨	2004年10月13日	2000—2004需调整
沙特阿拉伯	2005年12月11日	2000—2005需调整
越南	2006年11月07日	2000—2006需调整
汤加	2007年07月27日	2000—2007需调整
乌克兰	2008年05月16日	2000—2007需调整
佛得角	2008年07月23日	2000—2008需调整

续表

国家	加入 WTO 时间	约束税率
黑山	2012 年 04 月 29 日	2000—2011 需调整
萨摩亚	2012 年 05 月 10 日	2000—2011 需调整
俄罗斯	2012 年 08 月 22 日	2000—2012 需调整
瓦努阿图	2012 年 08 月 24 日	2000—2012 需调整
老挝	2013 年 02 月 02 日	2000—2012 需调整
塔吉克斯坦	2013 年 03 月 02 日	2000—2012 需调整
也门	2013 年 12 月 04 日	2000—2013 需调整
塞舌尔	2015 年 04 月 26 日	2000—2014 需调整
哈萨克斯坦	2015 年 07 月 21 日	2000—2015 需调整

三、模型设定

本章采用引力模型来研究出口退税政策对我国出口贸易额的影响。引力模型是国际贸易理论中最常用的模型之一，它是 1962 年由简·丁伯根提出的。他认为两国贸易流量的大小与两国的经济规模呈正比，与两国的距离呈反比。本章研究在关税、贸易政策不确定性和出口退税政策共同作用后的效果，因此在引力模型中加入关税、贸易政策不确定性和出口退税率变量。如果关税、贸易政策不确定性变量系数显著为负，说明关税和贸易政策不确定性对贸易造成影响，使贸易额对比引力模型的“自然”贸易流量要少，说明关税和贸易政策不确定性对出口有抑制作用。出口退税率系数为正且显著，说明比引力模型所预测的“自然”贸易流量多，说明出口退税率调增会对出口贸易量有正向调节作用。模型未加入相对贸易政策不确定性和相对关税，无法测度由国际竞争对手的关税、贸易政策不确定性所带来的贸易转移作用，为了弱化这种影响，引入了贸易伙伴是否为欧盟成员这个虚拟变量。具体模型形式如下：

$$\ln(value_{ijtp}) = \beta_0 + \beta_1 \ln(GDP_{ijt}) + \beta_2 \ln(Dist_{ij}) + \beta_3 tsl_{tp} + \beta_4 T\_TPU_t + \beta_5 F\_TPU_{ijtp} + \beta_6 AHS_{ijtp} + \beta_7 EU + \xi_{ijtp} \tag{6-2}$$

其中，$\ln(value_{ijtp})$ 是 t 年 i 国向 j 国出口的 p 商品贸易量的自然对数。这里 i 国指的是中国，j 国指的是贸易伙伴；$\ln(GDP_{ijt})$ 是指贸易双方 GDP 乘积的自然对数。根据引力模型我们知道 $\ln(GDP_{ijt})$ 对中国出口的影响为正，两国 GDP 越大，贸易额就越大；$\ln(Dist_{ij})$ 是指贸易双方之间的地理距离的自然对数，根据引力模型我们知道 $\ln(Dist_{ij})$ 对中国出口的影响为负，即两国之间距离越远则贸易额越小；tsl_{tp} 是指中国在 t 年出口 p 产品享受的出口退税率。本章根据 Feldstein 和 Krugman（1990），隆国强（1998），陈平和黄健梅（2003），Piyush 和 Chery（2013）的研究结果认为，出口退税率的调增对中国出口影响为正；T_TPU_t 指系统性贸易政策的不确定性，反映中国在 t 年所面临的宏观层面的贸易政策不确定性只和年份有关，对不同的出口目的地—产品对没有差异。当在系统性贸易政策不确定性较高的时期，企业通常会暂停交易，等到市场前景明朗时再交易，因此本书认为系统性贸易政策不确定性对出口的影响为负；F_TPU_{jtp} 指非系统性不确定性，反映出口目的地—产品对之间的个体差异。当具体某个产品—国家市场非系统性贸易政策不确定性较高时，企业通常也会推迟交易，因此本书认为非系统性贸易政策不确定性对出口影响为负；AHS_{ijtp} 指中国贸易伙伴设定的进口实际关税税率，贸易伙伴对中国出口产品设定较高的进口关税会抑制中国出口，因此实际关税税率对中国出口影响为负；EU 是虚拟变量，当贸易伙伴为欧盟成员时取 1，否则取 0。钱学锋（2017）提出了相对贸易政策不确定性对出口的影响，本模型未加入相对贸易政策不确定性，无法测度由国际竞争对手的贸易政策不确定性所带来的贸易转移作用，为了弱化这种影响，引入了 EU 这个虚拟变量。欧盟成员国之间的贸易转移效应会影响中国向欧盟国家的出口，使中国出口增长比引力模型所预测的“自然”贸易流量少。因此本章预测 EU 符号为负；ξ_{ijtp} 是随机误差项。即本章预测：$\ln(\mathrm{GDP}_{ijt})$、$ln(\mathrm{Dist}_{ij})$、tsl_{tp}、T_TPU_t、F_TPU_{ijtp}、AHS_{ijtp}、EU 的符号为 +、-、+、-、-、-、-。

四、变量的统计性描述

首先对变量进行统计性描述如表 6-8 所示。从表 6-8 中可以看到实际关税 AHS 的平均值在 7.66%的水平，方差较大；系统性贸易政策不确定性 T_TPU_t 的平均值为 0.87%，方差较小，系统性贸易政策不确定性是指我国具体某一年面临的贸易政策不确定性，是国家—产品对对应的关税根据我国出口量计算的加权平均值，方差小说明各年之间我国面临的整体贸易政策不确定性并不大。而非系统性贸易政策不确定性 F_TPU_{ijtp} 虽然均值才 0.27%，但方差却为 5.35，是系统性贸易政策不确定性的 23.26 倍。说明非系统性贸易政策不确定性在不同的国家—产品对中差异非常大，这为我国出口企业通过选择出口国、出口产品分散掉非系统性贸易政策不确定性提供了可能。

表 6-8　**变量统计性描述表**

Variable	Obs	Mean	Std. Dev.	Min	Max
$\ln(\mathrm{value}_{ijtp})$	3,582,297	11.51	2.94	0.53	24.53
$\ln \mathrm{GDP}_{ijt}$	3,240,729	53.98	2.17	47.31	59.73
$\ln(\mathrm{Dist}_{ij})$	3,582,297	8.89	0.62	7.06	9.86
AHS_{ijtp}	3,582,297	7.66	13.89	0.00	3000.00
T_TPU_t	3,582,297	0.87	0.23	0.48	1.36
F_TPU_{ijtp}	3,582,297	0.27	5.35	-1.36	1999.31
tsl_{tp}	3,582,297	12.20	4.62	0	17
EU	3,582,297	0.24	0.43	0.00	1.00

为了更清楚地了解我国面临的实际关税及系统性贸易政策不确定性，将我国面临的加权平均的实际关税和系统性贸易政策不确定性画图所示(见图6-1)。从图6-1中可以看出我国面临的实际关税分为三个阶段：2001—2002年的上调阶段；2002—2004年的下降阶段；2005年以后的相对平稳阶段。2001年中国加入WTO，在短暂性的关税上涨之后迎来了2002—2004年的关税大幅下降阶段，而此时系统性贸易政策不确定性相对平稳。2005年以后实际关税相对平稳，但系统性贸易政策不确定性的波动却在2007年之后加剧，系统性贸易政策不确定性是企业无法通过分散出口目的地、出口企业产品种类所分散掉的，因此是企业预期应该得到补偿的。通过分析可知企业面临的系统性贸易政策不确定性增大会使企业的变动成本增大，企业的预期收益也随之增大，将影响企业出口价格上涨从而抑制出口，降低企业利润。

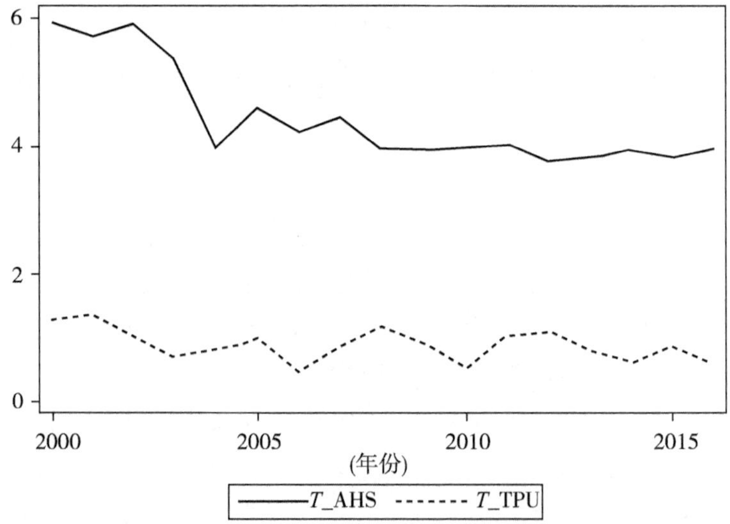

图6-1 我国面临的实际关税和系统性贸易政策不确定性

五、计量结果

首先，检验固定效应模型和混合效应模型是否存在时间效应，通过 Wald 检验和 LR 检验，存在时间效应。其次，加入时间虚拟变量后在固定效应模型和混合回归模型中用 B-P 检验和似然比检验进行选择。B-P 检验和似然比检验都显著拒绝了原假设，认为个体效应显著，因此不用混合回归模型，而选用双向固定效应模型。然后，在加入时间虚拟变量的随机效应模型和混合回归模型中用 B-P 检验进行选择，B-P 检验显著拒绝了原假设，个体效应显著，因此不用混合回归模型，而选用随机效应模型。最后，在固定效应模型和随机效应模型之间用豪斯曼检验进行选择。豪斯曼检验拒绝了随机效应为零的原假设，选择双向固定效应模型。贸易政策不确定性对出口影响回归结果如表 6-9 所示。

表 6-9　**贸易政策不确定性对出口影响回归结果**

估计方法	OLS		FE		RE	
	$\ln(value_{ijtp})$	$\ln(value_{ijtp})$	$\ln(value_{ijtp})$	$\ln(value_{ijtp})$	$\ln(value_{ijtp})$	$\ln(value_{ijtp})$
$\ln(GDP_{ijt})$	0.545*** (0.00)	0.548*** (0.00)	0.946*** (0.00)	0.600*** (0.00)	0.811*** (0.00)	0.545*** (0.00)
$\ln(Dist_{ij})$	−0.461*** (0.00)	−0.460*** (0.00)	.	.	−0.299*** (0.00)	−0.528*** (0.00)
AHS_{ijtp}	0.00474*** (0.00)	0.00476*** (0.00)	−0.00226*** (0.00)	−0.00199*** (0.00)	−0.00199*** (0.00)	−0.00126*** (0.00)
T_TPU_t	−0.0319*** (0.01)		−0.125*** (0.00)		−0.0725*** (0.00)	−6.544*** (0.05)
F_TPU_{ijtp}	0.00554*** (0.00)	0.00556*** (0.00)	−0.00582*** (0.00)	−0.00482*** (0.00)	−0.00524*** (0.00)	−0.00344*** (0.00)
EU	−0.590*** (0.00)	−0.591*** (0.00)	−0.183*** (0.01)	−0.219*** (0.01)	−0.651*** (0.01)	−0.501*** (0.01)
i. year		✓		✓		✓
_cons	−13.28*** (0.05)	−13.57*** (0.05)	−39.13*** (0.08)	−21.09*** (0.32)	−29.48*** (0.10)	−9.160*** (0.15)
N	2478344	2478344	2478344	2478344	2478344	2478344
R^2	0.186	0.188	0.176	0.181		

注：$*p<0.10$，$**p<0.05$，$***p<0.01$。“( )”中的数字为相应的标准误。

从表 6-9 中可以看出，所有模型在系统性贸易政策不确定性对出口额的影响的回归系数都是负的，说明系统性的贸易政策不确定性对出口的影响显著为负，且在回归系数上大于非系统性贸易政策不确定性。EU 是衡量贸易伙伴是否当年是欧盟成员，该指标显著为负，说明如果我国出口的目的地国是欧盟成员国，则对我国出口有负向影响，主要原因是产生了贸易转移效应。但我们并不能因此得出出口避开欧盟的结论，相反，我们应该尽可能多地加入贸易组织，争取和更多的国家签订贸易协定，尤其是多边贸易协定，以降低贸易政策不确定性，避免因为其他国家都签订贸易协定，我国没签，而使我国的相对贸易政策不确定性上升，引起贸易转移。我国实际面临的关税对我国出口的影响除了 OLS 模型外，固定效应模型和随机效应模型都是显著为负的，说明我国出口目的地收取的实际关税越高，对我国出口的负面影响越大。但观察回归系统发现，实际关税的回归系统小于系统性贸易政策不确定性，甚至小于非系统性贸易政策不确定性。这一发现说明贸易政策不确定性对出口的抵制作用甚至比关税本身更加严重。这与蔡洁等(2017)得出的结果不同，蔡洁认为贸易政策不确定性对贸易的作用类似实施关税，但影响程度不及后者。可能的原因在于数据的采集不同，蔡洁采用 2001—2013 年中国出口到东盟的产品级数据来检验中国—东盟自贸区成立降低的贸易政策不确定性对厂商出口决策及贸易流量的影响，并认为贸易政策不确定性降低会随着时间越来越发挥作用。从表 6-4 中的贸易伙伴是否为欧盟成员对贸易的转移作用可以看出，和欧盟相似的东盟在贸易政策上的不确定性对贸易作用上和其他国家不同，本书用的是 198 个国家(地区)的数据，其中包含部分国家并没有结盟。而且与其说加入东盟使贸易政策不确定性降低对贸易流量的影响有一定的时滞性，会随着时间作用越来越强，不如说是中国加入东盟随着和东盟的磨合，互信逐渐加强的结果。

出口退税政策在促进出口方面起到了很大作用，尤其在贸易政策对我国不利的时候，国家的补贴就可能起到决定的作用。出口退税政策的实施使我国出口产品的价格具有国际竞争力，并且世界对出口退税是认同的，不会认为有违公平原则。考虑到出口退税对出口的促进作用，本书将出口退税率加入模型，通过模型选择，依然选择了双向固定效应模型，结果如表 6-10 所示。

表 6-10 **贸易政策不确定性对出口影响回归结果 2**

模型选择	FE	FE	FE	FE
	$\ln(value_{ijtp})$	$\ln(value_{ijtp})$	$\ln(value_{ijtp})$	$\ln(value_{ijtp})$
$\ln(GDP_{ijt})$	0. 959*** (0. 00)	0. 946*** (0. 00)	0. 602*** (0. 01)	0. 600*** (0. 00)
AHS_{ijtp}	-0. 00228*** (0. 00)	-0. 00226*** (0. 00)	-0. 00196*** (0. 00)	-0. 00199*** (0. 00)
T_TPU_t	-0. 125*** (0. 00)	-0. 125*** (0. 00)		
F_TPU_{ijtp}	-0. 00581*** (0. 00)	-0. 00582*** (0. 00)	-0. 00454*** (0. 00)	-0. 00482*** (0. 00)
tsl_{tp}	0. 0109*** (0. 00)		0. 0321*** (0. 00)	
EU	-0. 182*** (0. 01)	-0. 183*** (0. 01)	-0. 234*** (0. 01)	-0. 219*** (0. 01)
i. year			✓	✓
_cons	-39. 93*** (0. 08)	-39. 13*** (0. 08)	-21. 69*** (0. 32)	-21. 09*** (0. 32)
N	2478344	2478344	2478344	2478344
R^2	0. 176	0. 176	0. 183	0. 181

注：$*p < 0.10$，$**p < 0.05$，$***p < 0.01$。“( )”中的数字为相应的标准误。

从表 6-10 中可以看出我国出口退税政策对我国出口贸易有促进作用，模型均显示正的回归系数，在控制了年份后，加入出口退税率指标使非系统贸易政策不确定性的回归系统的绝对值明显减少，说明出口退税政策促进我国出口外，还使非系统贸易政策不确定性对出口贸易的负面影响减少了。

六、稳健性检验

为了进行稳健性检验，我们对样本进行了分组，分成新进组、退出组和生存组三个组。新进组是指新进入国际市场的贸易流量，前一年在 CEPII 中没有贸易流量，本年才有贸易流量的出口。退出组是指退出国际市场的贸易流量，后一年在 CEPII 中没有贸易流量，但本年有贸易流量的出口。生存组则是前一年和后一年都在 CEPII 中有贸易流量的出口。因为数据截至 2016 年，所以无法取到 2016 年退出国际市场的数据。稳健性检验结果如表 6-11 所示。

表 6-11 **稳健性检验结果**

$\ln(\text{value}_{ijtp})$	(1)	(2)	(3)
$\ln(\text{GDP}_{ijt})$	0.986***	0.893***	0.958***
	(0.00618)	(0.00171)	(0.00921)
AHS_{ijtp}	−0.00588***	−0.00144***	−0.00149***
	(0.000425)	(0.0000959)	(0.000372)
T_TPU_t	−0.236***	−0.126***	−0.0823***
	(0.0198)	(0.00328)	(0.0273)
F_TPU_{ijtp}	−0.00839***	−0.00522***	−0.000789
	(0.000772)	(0.000271)	(0.00128)
tsl_{tp}	0.0182***	0.0109***	0.0166***
	(0.00165)	(0.000391)	(0.00233)
EU	−0.720***	−0.197***	−1.748***
	(0.0470)	(0.0120)	(0.0971)
_cons	−41.82***	−36.14***	−40.38***
	(0.336)	(0.0940)	(0.494)
N	406505	1741490	250075
R^2	0.185	0.163	0.159

注：$*p < 0.10$，$**p < 0.05$，$***p < 0.01$。“( )”中的数字为相应的标准误。

第一个模型是新进组，是当年开始出口的国家—产品对(包括以前年度出口后中断的情况)，因为数据期间是2001—2016年，所以2001年出口的国家—产品对不计入，新进组数据占总数据的16.95%；第二个模型对应的是生存组，是2001—2016年持续出口的国家—产品对，生存组数据占总数据的72.62%；第三个模型对应的是退出组，是当年开始不向国际市场出口的国家—产品对，退出组占总数据的10.43%。回归结果显示，所有回归系数的方向与前面基准回归一致，回归系数略有不同，反映出不同组别对贸易政策的反应程度不同。新进组对实际关税、系统性和非系统性的贸易政策不确定性以及出口退税政策都比其他别组敏感，这也是常识，属于正常现象。有趣的是，退出组对系统性和非系统性的贸易政策不确定性较其他组不敏感，唯独对欧盟的贸易转移效应比较敏感。新进组对欧盟的贸易转移效应比生存组敏感，因为新进市场，厂商还未达成牢固的合作关系，而生存组在长期合作中达成了这种牢固的合作关系，欧盟的贸易转移效应的负向影响反而减弱了，而退出组是因为合作关系的失败，所以欧盟的贸易转移效应对退出组的伤害更大。从这里看出，我们应该加强与其他国家签订贸易协定，加入关税同盟，以防止出口失败引起的沉没成本。

本章研究了贸易政策不确定性对我国出口贸易流的影响，运用拓展后的引力模型测算了系统性贸易政策不确定性和非系统性贸易政策不确定性对我国出口贸易额的影响。说明贸易政策不确定性的提高对我国的出口额有负向影响(在垄断竞争市场上，出口额越大，出口企业利润越多)。

第七章　不确定性对企业出口收入的影响

第一节　问题的提出

第六章研究了我国面临的经济政策不确定性和贸易政策不确定性对我国出口产品层面的影响，理论推导和实证检验都证明不确定性通过影响贸易量来影响我国从国际市场获利。理论推导部分说明，在垄断竞争市场下，企业出口商品的变动成本越低，企业产品的售价就越低，企业的利润就越大。本章开始进入企业层面进行研究。对企业而言，相对本国市场，产品出口外国市场更依赖贸易政策(其中包括外国的贸易政策和本国的贸易政策)，因此对企业出口的影响更为复杂。在贸易政策不确定性较高时，各国会明显降低对外贸易额，通常人们会等危机过去，在不确定的前景开始明朗之后才开始贸易，这种贸易量的降低实质上在贸易双方对不确定性进行规避的同时降低了企业利润。

对于贸易政策不确定性对我国出口二元边际选择的研究，现有研究是基于行业层面或者产品层面，通常利用引力模型来进行研究的，而且研究范围较窄，通常针对少数国家。没有学者基于企业层面的数据进行研究。但是企业向不同市场出口不同产品，面临的关税不确定性是异质的。并且现有文献在研究关税不确定性时没有考虑关税值本身的大小。

基于现有研究的不足，本章尝试将企业数据用于贸易政策不确定性对企业出口二元选择的研究。在异质性贸易模型的分析框架下探讨贸易政策不确定性通过二元边际影响企业的收入增长的作用机制，然后利用2000—2013年我国出口企业的微观数据实证检验贸易政策不确定性导致的出口企业绩效的变化。

第二节　贸易政策不确定性与企业出口二元边际增长：理论机理

当贸易成本发生变化时，不论该变化来自固定成本还是可变成本，都会使企业数量与成本的变动反向变化。因此，扩展边际与固定贸易成本和可变贸易成本成反比。而贸易成本变化对单位企业平均出口额，即集约边际。

其中贸易成本的变化既会对总出口额产生作用，也会影响出口企业数量和出口目的地的数量。因此贸易成本变化对平均出口额的作用需要分为固定成本和可变成本两种情况讨论。当固定进入成本变高时，对集约边际有正的效应。因为较高的固定进入成本会提高进入国外市场的生产率门槛，使得在市场上存活的企业具有较高的销量，就会提高单位企业的平均出口额，即集约边际扩大。而可变贸易成本的变化对集约边际的作用方向是不明确的。因为一方面，可变贸易成本上升会提高生产率门槛，使低生产率的企业退出；另一方面，又会降低现有企业的出口额。可以看出，可变贸易成本变化对平均出口额的影响取决于生产率的概率的类型和大小。

因此，在多产品企业情形，出口进入固定成本以及目标国GDP越高，集约边际越高；而可变贸易成本越高，出口的集约边际越低。与单产品企业情形的推导结果有较大差异，在单产品情形，集约边际只受到固定成本影响而不受可变贸易成本影响（Lawless，2008）。所以，在多产品情形，贸易成本对集约边际的影响是值得重新分析的。

第三节　贸易政策不确定性与出口增长：经验证据

尽管目前为止通过贸易政策不确定性对出口增长的影响机制

已经得到了越来越多的经验证据支持，但是对这一机制的经验研究仍停留在行业或者产品层面，且研究期间较短。而且由于数据可获得性的限制，使用不同计量模型和方法等，对这一机制影响出口的方向和程度也没有一致性的结论。由于企业是出口的主体，是市场经济的主体，因此通过检验企业层面的数据具有更加重要的意义。本节将运用中国海关数据库的数据来检验系统和非系统的贸易政策不确定性是如何通过贸易的二元边际来影响企业的收入进而影响企业的利润的。通过实证检验系统和非系统的贸易政策不确定性是如何影响我国企业出口的二元边际的。二元边际指的是集约边际和扩展边际，在本章中，扩展边际有两层含义，是以产品的种类作为扩展边际和以出口目的地的数量为扩展为际，本节实现分两个部分分别验证。产品种类的认定，为了防止产品之间的替代弹性过高，本书以 HS02 版 6 位 HS 编码为产品，4 位 HS 编码为种类。

一、数据和变量

本章使用的数据来自中国海关数据库(2000—2013 年)。本章选择在样本期间出口的全部样本企业，考虑到有些贸易方式不涉税，因此只保留了涉税的样本。具体保留了贸易方式为：一般贸易、边境小额贸易、进料加工贸易、来料加工装配贸易、出料加工贸易。删除缺失值严重的样本，得到523,717家企业共2,360,544个样本作为分析样本，如表 7-1 所示。在关税数据的合并上，本章根据 WTO 的时间考虑约束税率选择最惠国税率和约束税率。贸易双方国家只有在加入 WTO 后约束税率才是最惠国税率(MFN)，加入前则是约束税率(BND)，如果 BND 小于 AHS，则借鉴 Alberto 等(2015)用三倍 AHS 代替约束税率的做法。另外，如果 MFN 小于 AHS 也用三倍 AHS 代替约束税率(本书如无特殊说明，本书涉及关税均按此原则处理)。

表 7-1　　　　　　　　出口企业列表

年份	企业数	Cum.
2000	61,803	2.62%
2001	67,239	5.47%
2002	76,849	8.72%
2003	93,199	12.67%
2004	117,944	17.67%
2005	141,164	23.65%
2006	168,159	30.77%
2007	192,526	38.93%
2008	205,545	47.63%
2009	215,253	56.75%
2010	233,386	66.64%
2011	253,625	77.38%
2012	266,511	88.67%
2013	267,341	100.00%
总计	2,360,544	100.00%

二、贸易政策不确定性对企业二元边际的影响——总值

(一)模型的构建

本节主要分析贸易政策不确定性导致的出口增长变化。为了证实这一作用机制，本节通过设定以下三个模型来考察贸易政策不确定性对企业出口的总影响，并将其分解为集约影响和扩展影响。模型如下：

$$D.STV_{it} = \beta_0 + \beta_1 T\_TPU_t + \beta_2 F\_TPU_{it} + \xi_{it} \tag{7-1}$$

$$D.AP_{it} = \beta_0 + \beta_1 T\_TPU_t + \beta_2 F\_TPU_{it} + \xi_{it} \tag{7-2}$$

$$D.N_{it} = \beta_0 + \beta_1 T\_TPU_t + \beta_2 F\_TPU_{it} + \xi_{it} \tag{7-3}$$

(二)核心指标解释

1. 系统性贸易政策不确定性(T_TPU_t)

贸易政策不确定性分为两类，一类是系统性贸易政策不确定性，另一类是非系统性贸易政策不确定性。本章将 CEPII 数据库中的中国在 2000—2016 年的全部出口数据通过加权平均计算出中国各年所面临的系统性贸易政策不确定性。系统性贸易政策不确定性是中国所有出口企业都要面对的，是不能通过提高管理能力分散掉的不确定性，因此这种不确定性应该得到补偿。

2. 非系统性贸易政策不确定性(F_TPU_{it})

非系统性贸易政策不确定性是指单个企业或者单项出口业务所承担的贸易政策不确定性，它不同于系统性贸易政策不确定性具有不可避免的特征，非系统性贸易政策不确定性可以通过提高管理层的管理能力，将这种不确定性分散掉，因此它不能得到补偿。在数值上等于贸易政策不确定性减去系统性贸易政策不确定性。

3. $\mathrm{D.STV}_{it}$

$\mathrm{D.STV}_{it}$代表企业 i 在 t 年出口总额的增长。企业 i 在 t 年的出口总额是由中国海关数据库每一行记录的出口额加总到“企业—年”层面获得的(海关库的数据以月度为单位，且每行代表一次报关记录)。企业 i 在 t 年出口总额的增长是对总额加 1 取对数处理后差分。

4. $\mathrm{D.N}_{it}$

$\mathrm{D.N}_{it}$代表企业 i 在 t 年出口的产品种类(HS4 位)的增长。企业 i 在 t 年出口的产品种类是指企业 i 在 t 年出口的 HS4 位编码的个数。企业 i 在 t 年出口的产品种类(HS4 位)的增长是对 HS4 位编码的个数加 1 取对数处理后差分。

5. $\mathrm{D.AP}_{it}$

$\mathrm{D.AP}_{it}$代表企业 i 在 t 期的平均每种类产品(HS4 位)出口的贸易额的增长。企业 i 在 t 期的平均每种类产品(HS4 位)出口的贸易额的增长是对企业 i 在 t 期的平均每种类产品(HS4 位)出口的贸易额加 1 取对数处理后差分。

(三)描述性统计分析

从表 7-2 中可以看出，系统性贸易政策不确定性尽管均值较大，但方差小，而非系统性贸易政策不确定性则相反，均值小，方差大，因此，会留给企业管理层分散风险的机会。

表 7-2　　　　　　　　**描述性统计分析**

Variable	Obs	Mean	Std. Dev.	Min	Max
D. STV_{it}	1,757,226	0. 16	1. 36	−15. 36	16. 16
D. AP_{it}	1,757,226	0. 13	1. 19	−13. 67	13. 46
D. N_{it}	1,757,226	0. 02	0. 52	−5. 45	5. 81
T_TPU_t	2,320,695	0. 90	0. 23	0. 48	1. 36
F_TPU_{it}	2,320,694	0. 34	3. 99	−1. 36	492. 80

(四)计量结果

运用 OLS 进行回归，膨胀因子不大，没有明显的多重共线性。

从表 7-3 中可以看出，贸易政策不确定性对我国出口的影响整体为负，以系统性贸易政策不确定性为主；分集约边际和扩展边际回归后发现：系统性贸易政策不确定性对中国出口整体影响为负，其主要影响体现在对集约边际上，当系统性贸易政策不确定性增大时，整体贸易政策不确定性增强，出口企业只能等待、观望，等有确切消息以后再交易，因此系统性贸易政策不确定性主要影响在集约边际上，对扩展边际负向影响也显著，只是程度上比集约边际小很多；非系统性贸易政策不确定性反映企业的自身特点，它是企业可以通过管理分散掉的。从 2000—2013 年的中国出口数据来看，虽然非系统性贸易政策不确定性对出口的影响整体为负，但并不显著，只有对扩展边际的负向影响是显著的。也就是说，某家企业如果面临的非系统性贸易政策不确定性高于中国出口企业所面临的平均水平，这家企业就会减少出口的产品种类，但是现有的出口产品种类的出口量却并不受影响。

表 7-3　　基准回归

OLS	D. STV_{it}	D. AP_{it}	D. N_{it}
T_TPU_t	-0.201^{***} (0.00458)	-0.134^{***} (0.00400)	-0.0516^{***} (0.00174)
F_TPU_{it}	-0.000365 (0.000289)	0.000347 (0.000253)	-0.000579^{***} (0.000110)
_cons	0.336^{***} (0.00423)	0.251^{***} (0.00369)	0.0648^{***} (0.00160)
N	1,757,226	1,757,226	1,757,226
R^2	0.001	0.001	0.001

注：$*p<0.10$，$**p<0.05$，$***p<0.01$。“( )”中的数字为相应的标准误。

(五)稳健性检验

通过改变计量方法进行稳健性检验。基准回归用的 OLS，现在用固定效应模型来分析。

从表 7-4 中可以看出，贸易政策不确定性对我国出口的影响整体为负，其中系统性贸易政策不确定性对我国出口整体为负影响，其主要影响体现在对集约边际的影响，当系统性贸易政策不确定性增大时，整体关税不确定性增强，出口企业只能等待、观望，等有确切消息以后再交易，因此主要影响在集约边际上，对扩展边际也有负影响，只是程度上比集约边际小些。非系统性贸易政策不确定性反映的企业自身特点，企业可以通过管理分散掉，从 2000—2013 年的我国出口数据来看，非系统性贸易政策不确定性对出口影响整体并不显著，其中对扩展边际的影响是正显著，也就是说企业如果选择的出口国家—产品对的贸易政策不确定性高于我国出口企业所面临的平均水平，那这家企业就会增加出口的产品种类来分散不确定性，但是对现有的出口产品出口量的变化却是反向的，这与基准回归不符，但是非系统性贸易政策不确定性整体回归不显著，且回归系统接近于0。这极可能与我国出口退税等相关政策有关，后续会分析出口退税政策在出口中所起的作用。另外，自1994年起，出口企业出口占总收入70%以上的所得税享受优惠，这也抵减了一部分因为实际关税带来的负效应。总之，稳健性回归结果依然稳健。

表7-4　**稳健性回归**

FE	D. STV_{it}	D. A_{it}	D. N_{it}
T_TPU_t	-0.123^{***} (0.00472)	-0.0771^{***} (0.00421)	-0.0357^{***} (0.00184)
F_TPU_{it}	0.000339 (0.000432)	−0.0000560 (0.000385)	0.000360^{**} (0.000168)
_cons	0.266^{***} (0.00434)	0.200^{***} (0.00387)	0.0503^{***} (0.00169)
N	1,757,226	1,757,226	1,757,226
R^2	0.001	0.000	0.000

注：$*p < 0.10$，$**p < 0.05$，$***p < 0.01$。"( )"中的数字为相应的标准误。

（六）异质性回归

1. 不同规模

不同规模的企业有可能存在异质性，企业的效率和规模有关，规模大的企业通常拥有更低的变动成本，因此能够获得更大的优势。本章将中国海关数库中2000—2016年的所有样本根据出口规模等分成三份，分别是小型出口企业、中型出口企业、大型出口企业。

从表7-5中可以看出，不同企业规模下，系统性贸易政策不确定性对企业出口整体影响和集约边际的影响均显著为负，且回归系数的绝对值均随着企业规模增大而减小。说明企业规模越大越可能更好地调配资源应对不确定性，因此系统性贸易政策不确定性对它造成的影响就越小。从扩展边际来看，系统性贸易政策不确定性对企业出口的影响均显著为负，但回归系数的绝对值显现中型企业>小型企业>大型企业。这说明在扩展边际方面，规模小的企业资源有限，没有能力分散精力生产多种产品以应对贸易政策波动，但大型企业因为本身应对贸易政策不确定性的能力较强，也无需通过增加产品种类来分散不确定性，而中型企业则既有足够的资源又有足够的动机通过增加产品种类来分散贸易政策波动。非系统性贸易政策不确定性仅对大型出口企业的整体影响显著为负，对中小型企业的影响不显著，主要是对中大型出口企业的出口种类有显著的负影响。大型企业在非系统性贸易政策不确定性越大时，出口在集约边际和扩展边际上都有减少，以扩展边际为主；非系统性贸易政策不确定性对中型出口企业的整体影响不显著，但在集约边际和扩展边际上都有显著影响且以集约边际为主。说明中型企业付出了固定的进入成本后，相比增加产品种类，企业更愿意追加现有产品的出口。

表 7-5 **不同规模企业回归**

	OLS	D. STV_{it}	D. AP_{it}	D. N_{it}
大型出口企业	T_TPU_t	-0.161^{***}	-0.110^{***}	-0.0418^{***}
		(0.00579)	(0.00515)	(0.00264)
	F_TPU_{it}	-0.00206^{***}	-0.000760^{**}	-0.00112^{***}
		(0.000417)	(0.000371)	(0.000190)
	_cons	0.353^{***}	0.260^{***}	0.0739^{***}
		(0.00533)	(0.00474)	(0.00243)
	N	646,863	646,863	646,863
	R^2	0.001	0.001	0.000

续表

	OLS	D. STV_{it}	D. AP_{it}	D. N_{it}
中型出口企业	T_TPU_t	−0. 201***	−0. 125***	−0. 0590***
		(0. 00756)	(0. 00648)	(0. 00311)
	F_TPU_{it}	0. 000273	0. 00113***	−0. 000700***
		(0. 000497)	(0. 000426)	(0. 000205)
	_cons	0. 348***	0. 256***	0. 0699***
		(0. 00697)	(0. 00597)	(0. 00287)
	N	610,264	610,264	610,264
	R^2	0. 001	0. 001	0. 001
小型出口企业	T_TPU_t	−0. 245***	−0. 172***	−0. 0536***
		(0. 0108)	(0. 00950)	(0. 00335)
	F_TPU_{it}	−0. 0000915	0. 000204	−0. 000187
		(0. 000579)	(0. 000509)	(0. 000179)
	_cons	0. 292***	0. 229***	0. 0453***
		(0. 0100)	(0. 00878)	(0. 00310)
	N	500,099	500,099	500,099
	R^2	0. 001	0. 001	0. 001

注：* $p < 0.10$，** $p < 0.05$，*** $p < 0.01$。“( )”中的数字为相应的标准误。

2. 企业所有制

不同所有制企业应对贸易政策不确定性会有所差异，一般认为外贸企业因为熟悉国外市场，所以在出口方面具有更多优势。我们将中国海关数据库的样本数据和中国工业企业数据库的数据合并，并沿用中国工业企业数据库的实收资本将样本数据分为：外资企业、国有企业、私营企业三种所有制结构。实收资本中不含国有资本和外商企业的企业是私营企业；含国有资本和外国资本的企业中，国有资本占比高的算国有企业；外国资本占比高的算外资企业。

从表7-6中可以看出，在不同所有制下，系统性贸易政策不确定性对出口的影响不同。系统性贸易政策不确定性对私营企业和国营企业的出口的影响呈正相关，私营企业和国营企业出口既靠集约方式增长，又靠扩展方式增长；对外资企业的影响虽然显示负相关，但并不显著。这说明相对于国营企业和私营企业，外资企业对贸易政策波动的反应比较敏感，贸易政策波动时对外资企业的出口的影响较大。非系统性贸易政策不确定性对外资企业和私营企业的出口的影响是负的。在国营企业中，非系统性贸易政策不确定性对出口的影响为正，其中，在集约边际上的影响不显著，但在扩展边际上的影响为正，充分说明了国营企业面对贸易政策波动的底气，国营企业的兴衰由于关系全国人民的利益，因此国家层面会积极处理与贸易合作伙伴之间的关系，这点在私营企业中也有很好的反映，说明只要是在母国生产经营的企业会有更强的安全感，在对外贸易中遇到不公正的待遇时相信自己的国家一定可以保护自己，也从侧面反映了中国作为一个大国给国民的强大的安全感。唯独外资企业由于离开母国，在他国国土经营，而缺乏这种安全感。

表7-6　　不同所有制企业回归

	OLS	D. STV_{it}	D. AP_{it}	D. N_{it}
国有企业	T_TPU_t	0.237***	0.0878***	0.124***
		(0.0192)	(0.0157)	(0.00817)
	F_TPU_{it}	0.00199**	0.000338	0.00150***
		(0.00101)	(0.000829)	(0.000431)
	_cons	−0.189***	−0.02	−0.142***
		(0.0177)	(0.0145)	(0.00753)
	N	83,406	83,406	83,406
	R^2	0.002	0.000	0.003

续表

	OLS	D. STV_{it}	D. AP_{it}	D. N_{it}
私营企业	T_TPU_t	0.417***	0.198***	0.182***
		(0.0194)	(0.0158)	(0.00806)
	F_TPU_{it}	−0.00181*	−0.000968	−0.00051
		(0.000977)	(0.000794)	(0.000406)
	_cons	0.253***	0.253***	−0.00937
		(0.0149)	(0.0121)	(0.00619)
	N	112,453	112,453	112,453
	R^2	0.004	0.001	0.005
外资企业	T_TPU_t	−0.00686	−0.00966	0.00174
		(0.009)	(0.00846)	(0.00284)
	F_TPU_{it}	−0.00174***	−0.00165***	−0.0001
		(0.000671)	(0.000631)	(0.000212)
	_cons	0.225***	0.169***	0.0423***
		(0.00805)	(0.00756)	(0.00254)
	N	269,338	269,338	269,338
	R^2	0.000	0.000	0.000

注：$*p < 0.10$，$**p < 0.05$，$***p < 0.01$。"( )"中的数字为相应的标准误。

3. 地区

不同地区的企业因为其地理位置不同而影响出口选择和产品选择。本书将地区进行分类，按中国统计年鉴分为东部、中部、西部、东北，如果一个企业同一年度所在省份不一致，并且跨地区，则认为是分支机构造成的，这种企业所属地区算跨地区。东部地区有 10 个省份，包括北京、天津、河北、上海、江苏、浙江、福建、山东、广东和海南；中部地区有 6 个省份，包括山西、安徽、江西、河南、湖北和湖南；西部地区有 12 个省份，包括内蒙古、广西、重庆、四川、贵州、云南、西藏、陕西、甘肃、青海、宁夏和新疆；东北地区有 3 个省份，包括辽宁、吉林和黑龙江。

从表 7-7 中可以看出，系统性贸易政策不确定性对所有地区的企业出口的影响均呈显著负相关，整体而言，影响程度为中部地区>东部地区>西部地区>跨地区>东北地区，均以集约边际为主。说明系统性贸易政策不确定性增大会使不同地区的企业出口每种产品的数量减少，减少程度由大到小为：中部地区>东部地区>西部地区>跨地区>东北地区；非系统性贸易政策不确定性对东部地区和中部地区的企业出口整体上的影响不显著，对西部地区和东北地区的企业出口的影响呈显著负相关，说明西部地区和东北地区的企业没能通过管理将非系统性贸易政策不确定性分散和转移出去。值得注意的是，非系统性贸易政策不确定性对跨地区企业的出口的影响呈显著正相关，且在集约边际上呈显著正相关，说明跨地区企业能通过更好地应对不确定性而获得比较优势，当非系统性贸易政策不确定性越大时，跨地区企业的现有产品种类的出口销量反而增加了。

表 7-7　　　　　　　　**不同地区企业回归**

	OLS	D. STV_{it}	D. AP_{it}	D. N_{it}
东部地区	T_TPU_t	−0.301*** (0.00536)	−0.204*** (0.00483)	−0.0752*** (0.00198)
	F_TPU_{it}	−0.000475 (0.000362)	0.00000189 (0.000327)	−0.000400*** (0.000134)
	_cons	0.362*** (0.00492)	0.264*** (0.00444)	0.0762*** (0.00181)
	N	1,002,771	1,002,771	1,002,771
	R^2	0.003	0.002	0.001
中部地区	T_TPU_t	−0.308*** (0.0238)	−0.219*** (0.0218)	−0.0685*** (0.00845)
	F_TPU_{it}	0.00165 (0.00148)	0.000476 (0.00136)	0.00112** (0.000524)
	_cons	0.437*** (0.0218)	0.317*** (0.0200)	0.0970*** (0.00772)
	N	52,965	52,965	52,965
	R^2	0.003	0.002	0.001

续表

	OLS	D. STV_{it}	D. AP_{it}	D. N_{it}
西部地区	T_TPU_t	-0.272***	-0.202***	-0.0518***
		(0.0283)	(0.0255)	(0.0101)
	F_TPU_{it}	-0.00291**	-0.00147	-0.00127***
		(0.00137)	(0.00124)	(0.000491)
	_cons	0.346***	0.265***	0.0640***
		(0.0259)	(0.0233)	(0.00924)
	N	43,511	43,511	43,511
	R^2	0.002	0.001	0.001
东北地区	T_TPU_t	-0.204***	-0.0981***	-0.0778***
		(0.0219)	(0.0201)	(0.00779)
	F_TPU_{it}	-0.00391***	-0.00200*	-0.00140***
		(0.00127)	(0.00116)	(0.000451)
	_cons	0.251***	0.147***	0.0786***
		(0.0202)	(0.0186)	(0.00719)
	N	61,596	61,596	61,596
	R^2	0.002	0.000	0.002
跨地区	T_TPU_t	-0.233***	-0.150***	-0.0669***
		(0.0210)	(0.0156)	(0.0107)
	F_TPU_{it}	0.00331***	0.00307***	0.000244
		(0.00101)	(0.000750)	(0.000513)
	_cons	0.0703***	0.145***	-0.0689***
		(0.0194)	(0.0144)	(0.00985)
	N	81,526	81,526	81,526
	R^2	0.002	0.001	0.000

注：* $p < 0.10$，** $p < 0.05$，*** $p < 0.01$。“( )”中的数字为相应的标准误。

三、贸易政策不确定性对企业二元边际的影响——国数

(一)模型的构建

本节主要分析贸易政策不确定性引致的出口增长变化。为了证实这一作用机制，本节通过设定以下三个模型来考察贸易政策不确定性对企业出口的总影响，并将其分解为集约影响和扩展影响。模型如下：

$$\mathrm{D.STV}_{it} = \beta_0 + \beta_1 T\_\mathrm{TPU}_t + \beta_2 F\_\mathrm{TPU}_{it} + \xi_{it} \tag{7-4}$$

$$\mathrm{D.AP}_{it} = \beta_0 + \beta_1 T\_\mathrm{TPU}_t + \beta_2 F\_\mathrm{TPU}_{it} + \xi_{it} \tag{7-5}$$

$$\mathrm{D.N}_{it} = \beta_0 + \beta_1 T\_\mathrm{TPU}_t + \beta_2 F\_\mathrm{TPU}_{it} + \xi_{it} \tag{7-6}$$

(二)核心指标解释

1. 系统性贸易政策不确定性(T_TPU_t)

贸易政策不确定性分为两类：一类是系统性贸易政策不确定性，另一类是非系统性贸易政策不确定性。本节将 CEPII 数据库中的中国在 2000—2016 年的全部出口数据通过加权平均计算出中国各年所面临的系统性贸易政策不确定性。系统性贸易政策不确定性是中国所有出口企业都要面对的，是不能通过管理分散掉的不确定性，因此这种不确定性应该得到补偿。

2. 非系统性贸易政策不确定性(F_TPU_{it})

非系统性贸易政策不确定性是指单个企业或者单项出口业务所承担的贸易政策不确定性，它不同于系统性贸易政策不确定性具有不可避免的特征，非系统性贸易政策不确定性可以通过提高管理层的管理能力，将这种不确定性分散掉，因此它不能得到补偿。在数值上等于贸易政策不确定性减去系统性贸易政策不确定性。

3. $\mathrm{D.STV}_{it}$

$\mathrm{D.STV}_{it}$代表企业 i 在 t 年出口总额的增长。企业 i 在 t 年出口总额是由中国海关数据库每一行记录的出口额加总到“企业—年”层面获得的(海关库的数据以月度为单位，且每行代表一次报关记

录)。企业 i 在 t 年出口总额的增长是对总额加 1 取对数处理后差分。

4. $D.N_{it}$

$D.N_{it}$代表企业 i 在 t 年出口目的地的数量的增长。企业 i 在 t 年出口目的地数量的增长是对企业 i 在 t 年出口目的地个数加 1 取对数处理后差分求得。

5. $D.AP_{it}$

$D.AP_{it}$代表企业 i 在 t 期平均向每个出口目的地出口的贸易额的增长。企业 i 在 t 期平均每个出口目的地出口贸易额的增长是对企业 i 在 t 期平均每个出口目的地出口的贸易额加 1 取对数处理后差分。

(三)描述性统计分析

从表 7-8 中可以看出，系统性贸易政策不确定性尽管均值较大，但方差小，而非系统性贸易政策不确定性则相反，均值小，方差大，因此会留给企业管理层分散风险的机会。

表 7-8　　**描述性统计分析**

Variable	Obs	Mean	Std. Dev.	Min	Max
$D.STV_{it}$	1,757,226	0.16	1.36	−15.36	16.16
$D.AP_{it}$	1,757,226	0.10	1.12	−13.50	13.14
$D.N_{it}$	1,757,226	0.04	0.51	−4.26	4.28
T_TPU_t	2,320,695	0.90	0.23	0.48	1.36
F_TPU_{it}	2,320,694	0.34	3.99	−1.36	492.80

(四)计量结果

运用 OLS 进行回归，结果如表 7-9 所示。

表 7-9　　　　　　　　　　　　基准回归

OLS	D. STV_{it}	D. AP_{it}	D. N_{it}
T_TPU_t	-0.201^{***}	-0.112^{***}	-0.0704^{***}
	(0.00458)	(0.00377)	(0.00172)
F_TPU_{it}	−0.000365	0.0000637	-0.000310^{***}
	(0.000289)	(0.000238)	(0.000109)
_cons	0.336^{***}	0.205^{***}	0.105^{***}
	(0.00423)	(0.00348)	(0.00159)
N	1,757,226	1,757,226	1,757,226
R^2	0.001	0.001	0.001

注：$*p < 0.10$，$**p < 0.05$，$***p < 0.01$。“( )”中的数字为相应的标准误。

从表 7-9 中可以看出，贸易政策不确定性对我国出口的影响整体为负，其中系统性贸易政策不确定性对我国出口的影响整体为负影响，其主要影响体现在对集约边际的影响，当系统性贸易政策不确定性增大时，整体关税不确定性增强，出口企业只能等待、观望，等有确切消息以后再交易，因此主要影响在集约边际上，对扩展边际也有负影响，只是程度上比集约边际小很多。非系统性贸易政策不确定性反映的企业自身特点，企业可以通过管理分散掉，从 2000—2013 年的我国出口数据来看，虽然非系统性贸易政策不确定性对出口的影响整体为负，但并不显著，只有对扩展边际的影响是显著的，也就是说企业如果面临的非系统性贸易政策不确定性高于我国出口企业所面临的平均水平，则会将非系统性贸易政策不确定性较高的市场放弃掉，减少出口目的地的数量。

(五) 稳健性检验

通过改变计量方法进行稳健性检验。基准回归用的 OLS，现在用面板模型来分析。

从表 7-10 中可以看出，贸易政策不确定性对我国出口的影响整体为负，其中系统性贸易政策不确定性对我国出口整体为负影响，其主要影响体现在对集约边际的影响，当系统性贸易政策不确定性增大时，整体关税不确定性增强，出口企业只能等待、观望，等有确切消息以后再交易，影响主要在集约边际上，对扩展边际也有负影响，只是程度上比集约边际略小些。非系统性贸易政策不确定性反映的企业自身特点，企业可以通过管理分散掉，从2000—2013年的我国出口数据来看，非系统性贸易政策不确定性对出口影响不显著，这可能与我国促进出口的政策有关，比如对增值税的出口退税和所得税的优惠减免政策，由于政策扶持，将非系统性贸易政策不确定性进行了抵消。总之，稳健性回归结果依然稳健。

表7-10　**稳健性回归**

FE	D. STV_{it}	D. AP_{it}	D. N_{it}
T_TPU_t	-0.123***	-0.0560***	-0.0542***
	(0.00472)	(0.00394)	(0.00183)
F_TPU_{it}	0.000339	0.000466	-0.000161
	(0.000432)	(0.000360)	(0.000167)
_cons	0.266***	0.155***	0.0900***
	(0.00434)	(0.00362)	(0.00168)
N	1,757,226	1,757,226	1,757,226
R^2	0.001	0.000	0.001

注：$*p < 0.10$，$**p < 0.05$，$***p < 0.01$。“( )”中的数字为相应的标准误。

(六)异质性回归

1. 不同规模

不同规模的企业有可能存在异质性，企业的效率和规模有关，规模大的企业通常拥有更低的变动成本，因此能够获得更大的优势。本章将中国海关数据库中的2000—2016年所有样本根据出口规模等分成三份，分别是小型出口企业、中型出口企业、大型出口企业。

从表 7-11 中可以看出，不同企业规模下，系统性贸易政策不确定性对企业出口整体影响显著为负，且以集约边际的影响为主。回归系数的绝对值均随着企业规模增大而减小。说明企业规模越大越可能更好地调配资源应对不确定性，因此系统性贸易政策不确定性对它造成的影响就越小。从扩展边际上来看，系统性贸易政策不确定性对企业出口的影响均显著为负，但回归系数的绝对值显现中型企业>小型企业>大型企业。这说明在扩展边际方面，规模小的企业资源有限，没有能力分散精力以开拓更多市场以应对贸易政策波动，但大型企业因为本身应对贸易政策不确定性的能力较强，也无需通过增加出口市场来分散不确定性，而中型企业则既有足够的资源又有足够的动机通过拓展国际市场来分散贸易政策波动。非系统性贸易政策不确定性仅对大型出口企业的整体影响显著为负，主要是对中大型出口企业的扩展边际有显著的负影响。大型企业在非系统性贸易政策不确定性越大时，出口在集约边际和扩展边际上都有减少，以扩展边际为主；非系统性贸易政策不确定性对中型出口企业整体影响不显著，但在集约边际和扩展边际上都有显著影响且以集约边际为主。说明中型企业付出了固定的进入成本后，相比拓展国际市场，企业更愿意追加现有市场的出口。

表 7-11　　　　　　　　**不同规模企业回归**

	OLS	D. STV_{it}	D. AP_{it}	D. N_{it}
大型出口企业	T_TPU_t	−0. 161***	−0. 0833***	−0. 0661***
		(0. 00579)	(0. 00467)	(0. 00266)
	F_TPU_{it}	−0. 00206***	−0. 000830**	−0. 000928***
		(0. 000417)	(0. 000337)	(0. 000192)
	_cons	0. 353***	0. 211***	0. 120***
		(0. 00533)	(0. 00430)	(0. 00245)
	N	646,862	646,862	646,862
	R^2	0. 001	0. 001	0. 001

续表

	OLS	D. STV_{it}	D. AP_{it}	D. N_{it}
中型出口企业	T_TPU_t	−0.201***	−0.106***	−0.0758***
		(0.00756)	(0.00603)	(0.00314)
	F_TPU_{it}	0.000271	0.000907**	−0.000451**
		(0.000497)	(0.000397)	(0.000206)
	_cons	0.348***	0.209***	0.110***
		(0.00697)	(0.00556)	(0.00289)
	N	610,268	610,268	610,268
	R^2	0.001	0.001	0.001
小型出口企业	T_TPU_t	−0.245***	−0.152***	−0.0674***
		(0.0108)	(0.00917)	(0.00319)
	F_TPU_{it}	−0.0000900	−0.000251	0.000126
		(0.000579)	(0.000491)	(0.000171)
	_cons	0.292***	0.188***	0.0760***
		(0.0100)	(0.00848)	(0.00295)
	N	500,096	500,096	500,096
	R^2	0.001	0.001	0.001

注：$*p < 0.10$，$**p < 0.05$，$***p < 0.01$。“( )”中的数据为相应的标准误。

2. 企业所有制

不同所有制企业应对贸易政策不确定性会有所差异，一般认为外贸企业在出口方面具有更多优势。我们将中国海关数据库的样本数据和中国工业企业数据库的数据合并，并沿用中国工业企业数据库的实收资本将样本数据分为：外资企业、国有企业、私营企业三种所有制结构。实收资本中不含国有资本和外商企业的企业是私营企业；含国有资本和外国资本的企业中，国有资本占比高的算国有企业；外国资本占比高的算外资企业。

从表7-12中可以看出，系统性贸易政策不确定性在国有企业和私营企业的影响呈显著正相关，但对外资企业的整体影响却并不显著，对集约边际和扩展边际的影响均显著，其中以集约为主。对国有和私营企业的整体影响呈正相关，且以增加扩展边际为主，即针对系统性贸易政策不确定性通过增加出口目的地来分散不确定性，这与中国现在的"一带一路"倡议相一致。系统性风险是所有企业都要面对的，虽然世界范围内的经济下行会波及所有国家，但靠减少出口躲避风险只会让市场缩小，而中国通过"一带一路"，通过增加出口目的地的数量，通过贸易合作来应付不确定性却是一种积极的应对方式，是联合所有可以联合的力量来共同面对世界经济的波动。而且私营企业在这种联合中起到了重要的作用，私营企业的回归系数是最高的，高于国有企业。非系统性贸易政策不确定性对外资企业和私营企业的影响都显著负相关，其中外资企业对扩展边际的影响为正，说明非系统性贸易政策不确定性高时，外资企业选择增加出口目的国数量来对抗不确定性。非系统性贸易政策不确定对国有企业影响为正，以集约边际为主。这说明国有企业相对而言拥有较强的应对贸易政策不确定性的能力。

表7-12 **不同所有制企业回归**

	OLS	D. STV_{it}	D. AP_{it}	D. N_{it}
国有企业	T_TPU_t	0.237***	0.0813***	0.127***
		(0.0192)	(0.0148)	(0.00754)
	F_TPU_{it}	0.00199**	0.00175**	0.000194
		(0.00101)	(0.000778)	(0.000397)
	_cons	−0.189***	−0.0551***	−0.108***
		(0.0177)	(0.0136)	(0.00695)
	N	83,406	83,406	83,406
	R^2	0.002	0.000	0.003

续表

	OLS	D. STV_{it}	D. AP_{it}	D. N_{it}
私营企业	T_TPU_t	0.417***	0.165***	0.207***
		(0.0194)	(0.0148)	(0.00789)
	F_TPU_{it}	−0.00181*	−0.000894	−0.000619
		(0.000977)	(0.000746)	(0.000397)
	_cons	0.253***	0.191***	0.0473***
		(0.0149)	(0.0114)	(0.00606)
	N	112,453	112,453	112,453
	R^2	0.004	0.001	0.006
外资企业	T_TPU_t	−0.00690	−0.0214***	0.0110***
		(0.00900)	(0.00808)	(0.00303)
	F_TPU_{it}	−0.00175***	−0.00239***	0.000676***
		(0.000671)	(0.000602)	(0.000226)
	_cons	0.225***	0.139***	0.0675***
		(0.00805)	(0.00722)	(0.00271)
	N	269,338	269,338	269,338
	R^2	0.000	0.000	0.000

注：* $p < 0.10$，** $p < 0.05$，*** $p < 0.01$。“( )”中的数字为相应的标准误。

3. 地区

不同地区的企业因为其地理位置不同而影响出口选择和产品选择。本章将地区进行分类，按中国统计年鉴分为东部、中部、西部、东北，如果一个企业同一年度所在省份不一致，并且跨地区，则认为是分支机构造成的，这种企业所属地区算跨地区。东部地区有 10 个省份，包括北京、天津、河北、上海、江苏、浙江、福建、山东、广东和海南；中部地区有 6 个省份，包括山西、安徽、江西、河南、湖北和湖南；西部地区有 12 个省份，包括内蒙古、广西、重庆、四川、贵州、云南、西藏、陕西、甘肃、青海、宁夏和新疆；东北地区有 3 个省份，包括辽宁、吉林和黑龙江。

表 7-13　　　　不同地区企业回归

	OLS	D. STV_{it}	D. AP_{it}	D. N_{it}
东部地区	T_TPU_t	-0.301***	-0.180***	-0.0953***
		(0.00536)	(0.00453)	(0.00200)
	F_TPU_{it}	-0.000476	0.00000826	-0.000348**
		(0.000362)	(0.000306)	(0.000135)
	_cons	0.362***	0.223***	0.111***
		(0.00492)	(0.00416)	(0.00184)
	N	1,002,771	1,002,771	1,002,771
	R^2	0.003	0.002	0.002
中部地区	T_TPU_t	-0.308***	-0.176***	-0.104***
		(0.0238)	(0.0198)	(0.00875)
	F_TPU_{it}	0.00165	0.00190	-0.000125
		(0.00148)	(0.00123)	(0.000543)
	_cons	0.437***	0.260***	0.142***
		(0.0218)	(0.0181)	(0.00800)
	N	52,965	52,965	52,965
	R^2	0.003	0.002	0.003
西部地区	T_TPU_t	-0.272***	-0.143***	-0.0985***
		(0.0283)	(0.0241)	(0.00958)
	F_TPU_{it}	-0.00291**	-0.00221*	-0.000434
		(0.00137)	(0.00117)	(0.000465)
	_cons	0.346***	0.200***	0.115***
		(0.0259)	(0.0220)	(0.00876)
	N	43,511	43,511	43,511
	R^2	0.002	0.001	0.002

续表

	OLS	D. STV_{it}	D. AP_{it}	D. N_{it}
东北地区	T_TPU_t	−0.204***	−0.128***	−0.0585***
		(0.0219)	(0.0196)	(0.00675)
	F_TPU_{it}	−0.00392***	−0.00351***	−0.000185
		(0.00127)	(0.00114)	(0.000391)
	_cons	0.251***	0.162***	0.0706***
		(0.0202)	(0.0181)	(0.00623)
	N	61,596	61,596	61,596
	R^2	0.002	0.001	0.001
跨地区	T_TPU_t	−0.233***	−0.142***	−0.0761***
		(0.0210)	(0.0155)	(0.00928)
	F_TPU_{it}	0.00331***	0.00296***	0.000307
		(0.00101)	(0.000743)	(0.000445)
	_cons	0.0703***	0.0902***	−0.0140
		(0.0194)	(0.0143)	(0.00855)
	N	81,526	81,526	81,526
	R^2	0.002	0.001	0.001

注：$*p<0.10$，$**p<0.05$，$***p<0.01$。“( )”中的数字为相应的标准误。

从表7-13中可以看出，系统性贸易政策不确定性对所有地区的企业出口的影响均呈显著负相关，整体而言，影响程度为中部地区>东部地区>西部地区>跨地区>东北地区，均以集约边际为主。说明系统性贸易政策不确定性增大会使不同地区的中国企业向国外市场出口的平均数量减少；非系统性贸易政策不确定性对东部地区和中部地区的企业出口整体上影响不显著，对西部地区和东北地区的企业出口的影响呈显著负相关，说明西部地区和东北地区的企业没能通过管理将非系统性贸易政策不确定性分散和转移出去。值得注意的是，非系统性贸易政策不确定性对跨地区企业的出口的整体影响呈显著正相关，且在集约边际上呈显著正相关，说明贸易政策不确定性越大时，跨地区企业越会增加国外市场数量来对抗贸易政策不确定性。将出口退税率指标加入模型，回归结果依然成立，只是回归系数的绝对值减少。

第八章　出口退税政策的缓冲作用

第一节　问题的提出

我国自 2013 年超过美国成为世界第一货物贸易大国，已连续三年保持世界第一货物贸易大国地位。“十二五”期间，我国出口年均增速达 6.5%，远高于世界贸易平均增速，市场份额也不断提高。但 2016 年受世界经济影响，我国货物进出口总值为 24.33 万亿元人民币，比 2015 年下降 0.9%。我国经济进入新常态，出口放缓，因此振兴经济成为当务之急。2017 年商务部印发的《对外贸易发展“十三五”规划》指出“我国外贸发展的国际环境和国内发展条件已经发生深刻变化，对外贸发展带来广泛、深刻、持久、复杂的影响。我国要进一步优化进出口关税结构，完善出口退税政策”。

出口退税(export tax rebate)政策即出口货物免、抵、退政策，是指一个国家或地区对符合特定条件的出口货物在报关时免征国内或区间内的间接税和退还出口货物在国内或区间内生产、流通或出口环节已经缴纳的间接税(增值税和消费税)的一种税收制度。出口退税的目的是在于通过退还前期所缴税款的方式保证出口商品以较低的价格进入国际市场，避免因进口国再次征税而造成出口商品在目标市场承担双重税赋，增加出口产品的价格竞争力。出口退税作为一项贸易调控政策，在一国政府应对经济波动时不仅能对出口量进行调节，而且能引导产业结构调整。相对关税、进出口限制，出口退税是一种公认的、世界上都普遍接受的贸易政策工具。世界贸易组织在《补贴与反补贴协议》中明确规定：出口货物退(免)税额只要不超过已征或应征的间接税，就不是出口补贴，是完全符合世界贸易组织的规定的。因此，政府将出口退税政策作为一种相机抉择的政策工具，在经济过热时下调退税率以防出口过度膨胀，在经济衰退时上调退税率以维持出口和就业(兰宜生，刘晴，2011)，或者将出口退税作为一种产业引导政策(王晓雷，2007；刘盈曦，郭其友，2014)。图 8-1 显示了 2001—2016 年 GDP 增长率和出口退税之间的关系。2001—2016 年，GDP 增长率和出口退税率调增的产品(HS6 位数编码)个数呈反向变化，尤其在 2008—2009 年的金融危机期间，我国出口退税率上调较好地扭转了我国经济下行的趋势，说明出口退税作为贸易政策工具对我国经济的调节作用明显。

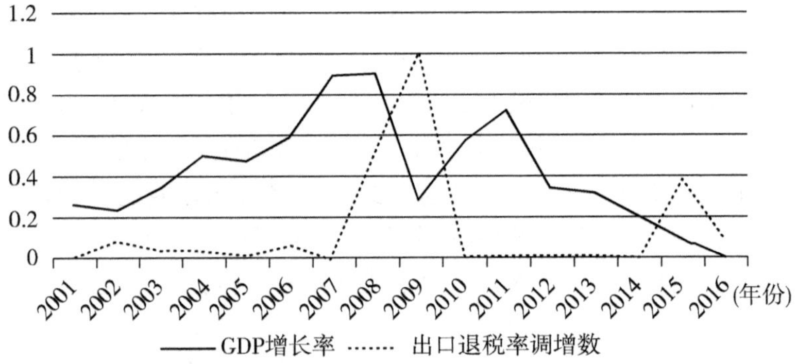

图 8-1　2001—2016 年 GDP 增长率和出口退税关系

注：数据均进行了无量纲处理。

国内外学者从不同角度研究了出口退税政策的经济效果，Feldstein 和 Krugman(1990)，Panagariya(1992)，隆国强(1998)，陈平和黄健梅(2003)，Chao(2001，2006)，马捷和李飞(2008)，王孝松(2010)，Piyush 和 Chery(2013)，Gourdon(2014)等学者研究了出口退税政策对出口贸易增长的影响，得出出口退税率上调对出口增长有显著的正向影响的结论。郑桂环和汪寿阳(2005)研究了 2004 年的出口退税率大调减对出口增长的影响，认为出口退税率下调的负面效应并不显著。白重恩(2011)研究了 2007 年的出口退税大调整对出口增长的影响，认为出口退税率下调对易引起贸易摩擦的商品的负影响显著，但对“高耗能、高污染、资源型”产品的影响不显著。Gourdon(2014)还发现出口价格与增值税退税率之间呈弱负相关。

前面的章节研究了我国面临的系统性贸易政策不确定性和非系统性贸易政策不确定性对我国出口企业层面的影响，理论推导和实证检验都证明贸易政策不确定性通过影响贸易量来影响我国从国际市场获利。理论推导部分说明，在垄断竞争市场下，企业出口商品的变动成本越低，企业产品的售价就越低，企业的利润就越大。本章对第五章内容进行补充研究。系统性贸易政策对企业出口的负影响比较统一，但非系统性贸易政策对企业出口的负向影响却不稳定。实际关税对我国出口的影响有时为正，这让人联想到出口退税、所得税优惠政策对出口企业的扶持，而这些因素没有考虑进来，本章将出口退税率引入模型，在基本模型的选用上，延用第五章的模型。在异质性贸易模型的分析框架下探讨贸易政策不确定性通过二元边际影响企业的收入增长的作用机制，然后利用2000—2013年我国出口企业的微观数据实证检验贸易政策不确定性引致的企业出口的变化。

第二节　出口退税政策分析

企业在选择内销还是外销时要考虑内销和外销涉及的成本费用如表8-1所示。按照利润最大化的要求，会计算出一个出口和内销无差别的销售量。在计算出口和内销无差别的销售量时，出口会考虑贸易政策不确定性。根据风险收益原则及奈特的观点，企业会量化贸易政策不确定性所带来的经济成本的升高，尽管在会计成本计算时并没有升高。因此我们可以将调整后的企业利润率作为研究企业绩效的盈利能力指标。在内销方面，尽管我们在内销定价时包含增值税销项税，但该增值税销项税并不计入会计成本，属于代扣代缴性质，如果出口企业内销对象是最终消费者，不继续生产销售，则增值税销项税由其承担；如果内销对象是一般纳税人，用于继续生产或者销售(2007 年 7 月后还扩大了增值税抵扣范围，固定资产也可以抵扣了)，则拿到发票抵扣联可以抵扣，那这笔增值税销项税并不足以调节企业出口选择，因此 2007 年扩大增值税抵扣范围后，出口退税政策对出口选择的效应有所减弱。

表 8-1　**内外销售比较表**

差异项目	出口	内销
增值税销项税	无	按现行征税率征税
增值税进项税	一般贸易按退税率退;加工贸易视同全额退①	可以全额抵扣
以增值税为税基的附税	无	有
关税	按进口国关税政策	无
进入国际市场成本	有	无
运费	较高	较低
贸易政策不确定性	较高	较低

一、出口退税率分产品类变动分析

出口退税率数据来自出国税局网站的口退税率文库(2000—2016 年)，将出口退税率数据的 HS 编码也取前 6 位并统一转换为 SITC 编码，根据 SITC 的 1 位编码计算出口退税率的算术平均数。

从图 8-2 中可以看出，我国出口退税率整体情况：0 、1 、2 类出口退税变动不大，3~9 类在 2000—2003 年比较平稳，2004 年我国对出口退税率进行了调整，从整体上调减了出口退税率。

① 关于加工贸易出口退税的问题:进料加工贸易退税,来料加工装配贸易不退税。但是,实行“免、抵、退”税办法的生产企业对其进口料、件应先根据海关核准的《进料加工登记手册》填具《生产企业进料加工贸易免税证明》,报经主管其出口退税的税务机关同意盖章后,再将此申请表报主管其征税的税务机关,准许其在计算当期应纳税额时,按规定的征税税率和退税率差扣减当期出口货物不予免征、抵扣和退税的税额,从金额上等同全额退。

2005—2006 年出口退税率又比较平稳，2007—2008 年我国又较大幅度地调减了出口退税率。2008 年成为这 2000—2016 年的一个最低点。2009 年我国较大幅度地调增了出口退税率，自 2009 年后，出口退税率保持平稳仅在 2015 年有微升。但这只是平均退税率的变动，如果在大类中进行结构调整则并不能反映在图 8-2 中，因此我们接下来分析 2000—2016 年出口退税率的增减变动。

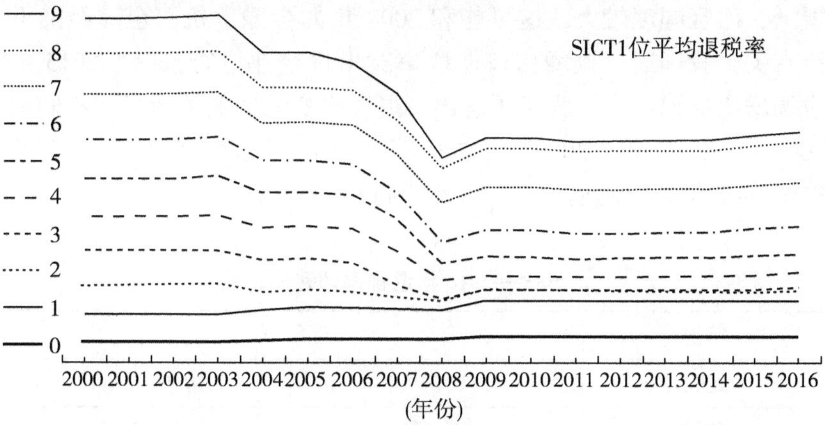

图 8-2 分大类平均退税率堆集折线图①

注：平均退税率按算术平均数计算。

资料来源：作者根据国税出口退税文库数据整理计算。

二、出口退税率年度变动分析

根据国税局出口退税率文库，整理了 2000—2016 年的出口退

① SITC 分 9 个大类：0 类代表"粮食及活动物"；1 类代表"饮料及烟叶"；2 类代表"除燃料外的非食用未加工材料"；3 类代表"矿物燃料、润滑油及有关物质"；4 类代表"动物及植物油、脂肪及蜡"；5 类代表"未列明的化学及有关产品"；6 类代表"主要按材料分类的制成品"；7 类代表"机械和运输设备"；8 类代表"杂项制成品"；9 类代表"未列入其他分类的货物及交易"。

税数据(把 HS 编码统一转换成 HS12)。我们把 HS12 的 6 位数编码作为产品，计算出出口退税率变动的情况如表 8-2 所示。

表 8-2 列示了 2000—2016 年出口退税率的变动情况，2004 年、2007 年、2008 年、2009 年、2015 年这 5 年变动较大。其中 2004 年主要是调减，2007 年也是调减，2008 年偏向于结构调整，从图 8-1 分析得出 2008 年平均退税率下降，因此认为 2008 年税率调减的幅度较大，而调增的幅度较小。2009 年我国出口退税率主要是调增，而且幅度较大，这可能和 2008 年的金融危机、全球经济下行有关，我国通过调增出口退税率对出口企业进行扶持。2015 年也调增出口退税率。为了了解出口退税率变动的具体情况，我们把 2004 年、2007 年、2008 年、2009 年、2015 年这变动较大的 5 年的 SITC 的 1 位分类码退税率的变动进行具体分析。

表 8-2　　**2000—2016 年退税率调整表**

年份	↓　　退税率	↑
2001	2(0.04%)	10(0.22%)
2002	12(0.27%)	185(4.23%)
2003	3(0.06%)	81(1.72%)
2004	**2908(61.58%)**	**65(1.38%)**
2005	31(0.66%)	32(0.67%)
2006	224(4.74%)	133(2.78%)
2007	**989(20.74%)**	**2(0.04%)**
2008	**1494(30.14%)**	**1312(26.47%)**
2009	**35(0.71%)**	**2383(48.00%)**
2010	4(0.08%)	1(0.02%)
2011	179(3.64%)	4(0.08%)
2012	48(0.97%)	6(0.12%)
2013	6(0.12%)	4(0.08%)
2014	—	—

续表

年份	↓ 退税率	↑
2015	—	**894(17.18%)**
2016	5(0.10%)	208(4.00%)
合计	5940(7.59%)	5320(6.80%)

资料来源：作者根据国税出口退税文库数据整理计算

从表 8-3 中可以看出，1~4 类别调整并不大，说明我国初级品出口退税政策变动较小，以结构调整为主。5~8 类别调整较大，在 2008 年以前是降低出口退税率缓解经济过热和出口顺差压力，而 2008 年以后为了刺激经济发展，增加出口，我国大力调增了出口退税率，其中 6 类别调整力度最大。

表 8-3 **SITC 大类出口退税调整情况**

年份	SITC 分类											
	↓ 1-4初级品 ↑		↓ 5 ↑		↓ 6 ↑		↓ 7 ↑		↓ 8 ↑		↓ 5-9 制成品 ↑	
2004	202	56	535	2	1077	1	628	3	466	3	2706	9
2007	102	—	90	—	750	—	10	2	37	—	887	2
2008	101	33	653	7	616	540	54	492	67	240	1393	1279
2009	28	328	—	166	4	875	3	560	—	454	7	2055
2015	—	29	—	54	—	534	—	24	—	253	—	865
合计	544	548	1380	274	2731	2149	698	1345	583	1004	5396	4772

资料来源：作者根据出口退税率文库数据整理。

第三节 实 证 分 析

一、数据来源

本章使用的数据来自中国海关数据库(2000—2013 年)。本章选择在样本期间出口的全部样本企业，考虑到有些贸易方式不涉税，因此只保留了涉税的样本。具体保留了贸易方式为：一般贸易、边境小额贸易、进料加工贸易、来料加工装配贸易、出料加工贸易。删除缺失值严重的样本，得到523,717家企业共2,360,544个样本作为分析样本。在关税数据的合并上，本章根据 WTO 的时间考虑约束税率选择最惠国税率还是约束税率。贸易双方国家只有在加入 WTO 后约束税率才是最惠国税率（MFN），加入前则是约束税率（BND），如果 BND 小于 AHS，则借鉴 Alberto 等（2015）用三倍 AHS 代替约束税率的做法。另外，如果 MFN 小于 AHS 也用三倍 AHS 代替约束税率（本书如无特殊说明，本书涉及关税均按此原则处理）。将 HS 编码全部转换到 HS02，并和出口退税库进行了合并，最后按贸易额加权平均到企业层面。

二、贸易政策不确定性对企业二元边际的影响（总值）

（一）模型的构建

本节主要分析贸易政策不确定性引致的出口增长变化。为了证实这一作用机制，本节通过设定以下三个模型考察贸易政策不确定性对企业出口的总影响，将其分解为集约影响和扩展影响。模型如下：

$$\mathrm{D.\,STV}_{it} = \beta_0 + \beta_1 T\_\mathrm{TPU}_t + \beta_2 F\_\mathrm{TPU}_{it} + \beta_3 \mathrm{tsl}_{tp} + \xi_{it} \quad (8\text{-}1)$$

$$\mathrm{D.\,AP}_{it} = \beta_0 + \beta_1 T\_\mathrm{TPU}_t + \beta_2 F\_\mathrm{TPU}_{it} + \beta_3 \mathrm{tsl}_{tp} + \xi_{it} \quad (8\text{-}2)$$

$$\mathrm{D.\,N}_{it} = \beta_0 + \beta_1 T\_\mathrm{TPU}_t + \beta_2 F\_\mathrm{TPU}_{it} + \beta_3 \mathrm{tsl}_{tp} + \xi_{it} \quad (8\text{-}3)$$

（二）核心指标解释

1. 系统性贸易政策不确定性（T_TPU_t）

贸易政策不确定性分为两类，一类是系统性贸易政策不确定性，另一类是非系统性贸易政策不确定性。本章将 CEPII 数据库中的中国在 2000—2016 年的全部出口数据通过加权平均计算出中国各年所面临的系统性贸易政策不确定性。系统性贸易政策不确定性是中国所有出口企业都要面对的，是不能通过提高管理能力分散掉的不确定性，因此这种不确定性应该得到补偿。

2. 非系统性贸易政策不确定性（F_TPU_{it}）

非系统性贸易政策不确定性是指单个企业或者单项出口业务所承担的贸易政策不确定性，它不同于系统性贸易政策不确定性具有不可避免的特征，非系统性贸易政策不确定性可以通过提高管理层的管理能力，将这种不确定性分散掉，因此它不能得到补偿。在数值上等于贸易政策不确定性减去系统性贸易政策不确定性。

3. 出口退税率（tsl_{tp}）

出口退税率（tsl_{tp}）是指中国在 t 年的 p 产品出口退回的增值税的比例。出口退税率针对的是产品，即该年具体产品无论向哪个国家或者地区出口，其享受的出口退税率都是一样的。

4. $\mathrm{D.\ STV}_{it}$

$\mathrm{D.\ STV}_{it}$代表企业 i 在 t 年出口总额的增长。企业 i 在 t 年的出口总额是由中国海关数据库每一行记录的出口额加总到“企业—年”层面获得的（中国海关数据库的数据以月度为单位，且每行代表一次报关记录）。企业 i 在 t 年出口总额的增长是对总额加 1 取对数处理后差分。

5. $\mathrm{D.\ N}_{it}$

$\mathrm{D.\ N}_{it}$代表企业 i 在 t 年出口的产品种类（HS4 位）的增长。企业 i 在 t 年出口的产品种类是指企业 i 在 t 年出口的 HS4 位编码的个数。企业 i 在 t 年出口的产品种类（HS4 位）的增长是对 HS4 位编码的个数加 1 取对数处理后差分。

6. $\mathrm{D.\ AP}_{it}$

$\mathrm{D.\ AP}_{it}$代表企业 i 在 t 期的平均每种类产品（HS4 位）出口的贸易额的增长。企业 i 在 t 期的平均每种类产品（HS4 位）出口的贸易额的增长是对企业 i 在 t 期的平均每种类产品（HS4 位）出口的贸易额加 1 取对数处理后差分。

（三）描述性统计分析

从表 8-4 中可以看到，系统性贸易政策不确定性尽管均值较大，但方差小，而非系统性不确定性则相反，均值小，方差大，因此会留给企业管理层分散风险的机会。

表 8-4 **描述性统计分析**

Variable	Obs	Mean	Std. Dev.	Min	Max
D. STV_{it}	1,757,226	0.16	1.36	−15.36	16.16
D. AP_{it}	1,757,226	0.13	1.19	−13.67	13.46
D. N_{it}	1,757,226	0.02	0.52	−5.45	5.81
T_TPU_t	2,320,695	0.90	0.23	0.48	1.36
F_TPU_{it}	2,320,694	0.34	3.99	−1.36	492.80
tsl_{tp}	2,320,694	12.44	3.80	0.00	17.00

（四）计量结果

运用 OLS 进行回归，结果如表 8-5 所示。

表 8-5 **基准回归**

OLS	D. STV_{it}	D. AP_{it}	D. N_{it}
T_TPU_t	−0.195***	−0.132***	−0.0493***
	(0.00458)	(0.00400)	(0.00174)
F_TPU_{it}	−0.000199	0.000420*	−0.000505***
	(0.000289)	(0.000253)	(0.000110)
tsl_{tp}	0.00911***	0.00400***	0.00409***
	(0.000270)	(0.000235)	(0.000102)
_cons	0.218***	0.199***	0.0120***
	(0.00547)	(0.00478)	(0.00208)
N	1,757,226	1,757,226	1,757,226
R^2	0.002	0.001	0.001

注：$*p < 0.10$，$**p < 0.05$，$***p < 0.01$。“( )”中的数字为相应的标准误。

从表 8-5 中可以看出，加入了退税率后，贸易政策不确定性对我国出口的影响依然整体为负，其中系统性贸易政策不确定性对我国出口整体为负影响，其主要影响体现在对集约边际的影响，当系统性贸易政策不确定性增大时，整体关税不确定性增强，出口企业只能等待、观望，等有确切消息以后再交易，因此主要影响体现在集约边际上，对扩展边际也有负影响，只是程度上比集约边际小很多。非系统性贸易政策不确定性反映的企业自身特点，企业可以通过管理分散掉，从 2000—2013 年我国出口数据来看，虽然非系统性贸易政策不确定性对出口的影响整体为负，但并不显著，对扩展边际的影响显著负相关，企业面临的非系统性贸易政策不确定性高于我国出口企业所面临的平均水平，那这家企业就会减少出口的产品种类，增加集约边际。因此，退税率对出口有显著的促进作用，在集约和扩展边际上都有显著的正效应。

（五）稳健性检验

通过改变计量方法进行稳健性检验。基准回归用的 OLS，现在用固定效应模型来分析。

从表 8-6 中可以看出，贸易政策不确定性对我国出口的影响整体为负，其中系统性贸易政策不确定性对我国出口整体为负影响，其主要影响体现在对集约边际的影响，当系统性贸易政策不确定性增大时，整体关税不确定性增强，出口企业只能等待、观望，等有确切消息以后再交易，因此主要影响体现在集约边际上，对扩展边际也有负影响，只是程度上比集约边际小些。非系统性贸易政策不确定性反映的企业自身特点，企业可以通过管理分散掉，从 2000—2013 年我国出口数据来看，非系统性贸易政策不确定性不显著，对扩展边际的影响却显著为正，当企业面临的非系统性贸易政策不确定性高于我国出口企业所面临的平均水平时，企业则会增加出口的产品种类来分散不确定性。因此，退税率对出口有显著的促进作用，在集约和扩展边际上都有显著的正效应。总之，稳健性回归结果依然稳健。

表 8-6　　稳健性回归

FE	D. STV_{it}	D. AP_{it}	D. N_{it}
T_TPU_t	−0.105***	−0.0647***	−0.0310***
	(0.00474)	(0.00423)	(0.00185)
F_TPU_{it}	0.000247	−0.000119	0.000337**
	(0.000431)	(0.000385)	(0.000168)
tsl_{tp}	0.0207***	0.0142***	0.00532***
	(0.000569)	(0.000508)	(0.000222)
_cons	−0.00716	0.0127*	−0.0198***
	(0.00866)	(0.00772)	(0.00337)
N	1,757,226	1,757,226	1,757,226
R^2	0.001	0.001	0.001

注：* $p < 0.10$，** $p < 0.05$，*** $p < 0.01$。“( )”中的数字为相应的标准误。

(六) 异质性回归

1. 不同规模

不同规模的企业有可能存在异质性，企业的效率和规模有关，规模大的企业通常拥有更低的变动成本，因此能够获得更大的优势。本章将中国海关数据库 2000—2016 年的所有样本根据出口规模等分成三份，分别是小型出口企业、中型出口企业、大型出口企业。

从表 8-7 中可以看出，系统性贸易政策不确定性对不同规模的企业负影响，且主要影响体现在集约边际上，回归系统的绝对值随着企业规模的变大而减少，说明企业规模越大，系统性贸易政策不确定性对企业出口的影响就越小，这与 Melitz 的异质性企业贸易理论中生产率高的企业占优的结果类似。非系统性贸易政策不确定性对大企业的影响是显著负相关，且以扩展边际为主；对小规模企业出口影响不显著；对中等规模企业整体影响不显著，但在集约边际上的影响显著为正，扩展边际显著为负，说明当中等规模的企业面临的非系统性贸易政策不确定性较高时，企业倾向于增加现有产品的销量，减少产品的种类。因此退税率对出口有显著的促进作用，在集约边际和扩展边际上都有显著的正效应。

表 8-7　　不同规模企业回归

	OLS	$D.STV_{it}$	$D.AP_{it}$	$D.N_{it}$
大型出口企业	T_TPU_t	−0.157*** (0.00579)	−0.108*** (0.00515)	−0.0394*** (0.00264)
	F_TPU_{it}	−0.00183*** (0.000417)	−0.000698* (0.000371)	−0.000983*** (0.000190)
	tsl_{tp}	0.00770*** (0.000347)	0.00208*** (0.000308)	0.00468*** (0.000158)
	_cons	0.253*** (0.00699)	0.233*** (0.00621)	0.0130*** (0.00319)
	N	646,863	646,863	646,863
	R^2	0.002	0.001	0.002
中型出口企业	T_TPU_t	−0.195*** (0.00756)	−0.123*** (0.00648)	−0.0564*** (0.00311)
	F_TPU_{it}	0.000463 (0.000497)	0.00121*** (0.000426)	−0.000612*** (0.000205)
	tsl_{tp}	0.00903*** (0.000446)	0.00372*** (0.000383)	0.00420*** (0.000184)
	_cons	0.232*** (0.00903)	0.208*** (0.00774)	0.0158*** (0.00372)
	N	610,264	610,264	610,264
	R^2	0.002	0.001	0.001

续表

	OLS	D. STV_{it}	D. AP_{it}	D. N_{it}
小型出口企业	T_TPU_t	−0. 239*** (0. 0108)	−0. 168*** (0. 00950)	−0. 0519*** (0. 00335)
	F_TPU_{it}	−0. 0000154 (0. 000579)	0. 000250 (0. 000509)	−0. 000165 (0. 000179)
	tsl_{tp}	0. 00928*** (0. 000622)	0. 00562*** (0. 000546)	0. 00277*** (0. 000193)
	_cons	0. 174*** (0. 0128)	0. 157*** (0. 0112)	0. 01000** (0. 00395)
	N	500,099	500,099	500,099
	R^2	0. 001	0. 001	0. 001

注：* $p < 0.10$，** $p < 0.05$，*** $p < 0.01$。"( )"中的数字为相应的标准误。

2. 企业所有制

不同所有制企业应对贸易政策不确定性会有所差异，一般认为外贸企业因为熟悉国外市场，所以在出口方面具有更多优势。我们将中国海关数据库的样本数据和中国工业企业数据库的数据合并，并用中国工业企业数据库的实收资本将样本数据分为：外资企业、国有企业、私营企业三种所有制结构。实收资本中不含国有资本和外商企业的企业是私营企业；含国有资本和外国资本的企业中，国有资本占比高的算国有企业；外国资本占比高的算外资企业。

从表 8-8 中可以看出，系统性贸易政策不确定性在外资企业的影响呈显著负相关，但对非外资企业的影响却是正相关，私营企业是以集约边际为主，国有企业是以增加扩展边际为主，即：私营企业通过既增加产品销售量又增加产品种类来抵抗系统性贸易政策不确定性，而国有企业偏向于通过增加出口产品种类来分散不确定性。非系统性贸易政策不确定性对外资和私营企业的影响都呈显著负相关，但非系统性贸易政策不确定对国有企业影响为正，这说明相对于外资企业和私营企业，国有企业有更强的安全感，认为在遇到不公平的贸易条件时，国家会通过谈判的形式解决。非系统性不确定性对国有企业的扩展边际影响为正，说明国有企业会通过增加产品种类来抵抗不确定性造成的影响。因此退税率对出口有显著的促进作用，在集约边际和扩展边际上都有显著的正效应。

表 8-8 不同所有制企业回归

	OLS	D. STV_{it}	D. AP_{it}	D. N_{it}
国有企业	T_TPU_t	0.199***	0.0746***	0.103***
		(0.0195)	(0.0160)	(0.00830)
	F_TPU_{it}	0.00184*	0.000289	0.00142***
		(0.00101)	(0.000829)	(0.000430)
	tsl_{tp}	0.0179***	0.00609***	0.00985***
		(0.00166)	(0.00136)	(0.000704)
	_cons	-0.390***	-0.0885***	-0.252***
		(0.0257)	(0.0211)	(0.0109)
	N	83,406	83,406	83,406
	R^2	0.003	0.001	0.005
私营企业	T_TPU_t	0.390***	0.185***	0.171***
		(0.0195)	(0.0158)	(0.00810)
	F_TPU_{it}	-0.00204**	-0.00108	-0.000610
		(0.000976)	(0.000794)	(0.000406)
	tsl_{tp}	0.0242***	0.0117***	0.0105***
		(0.00178)	(0.00145)	(0.000741)
	_cons	-0.0288	0.117***	-0.132***
		(0.0255)	(0.0207)	(0.0106)
	N	112,453	112,453	112,453
	R^2	0.006	0.002	0.006

续表

	OLS	D. STV_{it}	D. AP_{it}	D. N_{it}
外资企业	T_TPU_t	−0.0227** (0.00916)	−0.0137 (0.00861)	−0.00709** (0.00289)
	F_TPU_{it}	−0.00166** (0.000671)	−0.00163*** (0.000631)	−0.0000554 (0.000212)
	tsl_{tp}	0.00834*** (0.000903)	0.00210** (0.000848)	0.00464*** (0.000285)
	_cons	0.127*** (0.0133)	0.144*** (0.0125)	−0.0124*** (0.00422)
	N	269,338	269,338	269,338
	R^2	0.000	0.000	0.001

注：$*p<0.10$，$**p<0.05$，$***p<0.01$。“( )”中的数字为相应的标准误。

3. 地区

不同地区的企业因为其地理位置不同而影响出口选择和产品选择。本书将地区进行分类，按中国统计年鉴分为东部、中部、西部、东北，如果一个企业同一年度所在省份不一致，并且跨地区，则认为是分支机构造成的，这种企业所属地区算跨地区。东部地区有 10 个省份，包括北京、天津、河北、上海、江苏、浙江、福建、山东、广东和海南；中部地区有 6 个省份，包括山西、安徽、江西、河南、湖北和湖南；西部地区有 12 个省份，包括内蒙古、广西、重庆、四川、贵州、云南、西藏、陕西、甘肃、青海、宁夏和新疆；东北地区有 3 个省份，包括辽宁、吉林和黑龙江。

从表 8-9 中可以看出，虽然企业所属地区不同，系统性贸易政策不确定性的影响均为负相关。非系统性贸易政策不确定性对东部、西部、东北的企业出口的影响为负，对中部的企业的影响不显著，但跨地区企业显示非系统性贸易政策不确定性对企业出口的影响显著为正，且对集约边际和扩展边际的影响均为正向显著，说明跨地区企业实力较强，能够较好地掌控非系统性贸易政策不确定性，通过分散的方式将其分散、转移掉。因此出口退税对出口有显著的促进作用，在集约边际和扩展边际上都有显著的正效应。

表 8-9 不同地区企业回归

	OLS	D. STV_{it}	D. AP_{it}	D. N_{it}
东部地区	T_TPU_t	-0.297***	-0.203***	-0.0734***
		(0.00536)	(0.00483)	(0.00198)
	F_TPU_{it}	-0.000350	0.0000444	-0.000334**
		(0.000362)	(0.000327)	(0.000134)
	tsl_{tp}	0.00667***	0.00225***	0.00347***
		(0.000359)	(0.000324)	(0.000132)
	_cons	0.275***	0.234***	0.0310***
		(0.00679)	(0.00612)	(0.00250)
	N	1,002,771	1,002,771	1,002,771
	R^2	0.003	0.002	0.002
中部地区	T_TPU_t	-0.306***	-0.218***	-0.0678***
		(0.0238)	(0.0218)	(0.00844)
	F_TPU_{it}	0.00161	0.000450	0.00111**
		(0.00148)	(0.00135)	(0.000524)
	tsl_{tp}	0.0146***	0.00882***	0.00489***
		(0.00129)	(0.00119)	(0.000458)
	_cons	0.266***	0.214***	0.0400***
		(0.0265)	(0.0243)	(0.00939)
	N	52,965	52,965	52,965
	R^2	0.006	0.003	0.003

续表

	OLS	D. STV_{it}	D. AP_{it}	D. N_{it}
西部地区	T_TPU_t	-0.271*** (0.0283)	-0.201*** (0.0255)	-0.0511*** (0.0101)
	F_TPU_{it}	-0.00341** (0.00137)	-0.00173 (0.00124)	-0.00146*** (0.000491)
	tsl_{tp}	0.0124*** (0.00140)	0.00666*** (0.00127)	0.00479*** (0.000501)
	_cons	0.210*** (0.0301)	0.192*** (0.0271)	0.0117 (0.0107)
	N	43,511	43,511	43,511
	R^2	0.004	0.002	0.003
东北地区	T_TPU_t	-0.203*** (0.0219)	-0.0974*** (0.0201)	-0.0772*** (0.00779)
	F_TPU_{it}	-0.00422*** (0.00127)	-0.00214* (0.00116)	-0.00154*** (0.000450)
	tsl_{tp}	0.00970*** (0.00116)	0.00429*** (0.00107)	0.00438*** (0.000413)
	_cons	0.142*** (0.0240)	0.0992*** (0.0221)	0.0297*** (0.00854)
	N	61,596	61,596	61,596
	R^2	0.003	0.001	0.004
跨地区	T_TPU_t	-0.231*** (0.0210)	-0.150*** (0.0156)	-0.0658*** (0.0107)
	F_TPU_{it}	0.00320*** (0.00101)	0.00307*** (0.000751)	0.000165 (0.000513)
	tsl_{tp}	0.00508*** (0.00122)	-0.000121 (0.000912)	0.00375*** (0.000623)
	_cons	0.0115 (0.0240)	0.146*** (0.0179)	-0.112*** (0.0122)
	N	81,526	81,526	81,526
	R^2	0.002	0.001	0.001

注：$*p<0.10$，$**p<0.05$，$***p<0.01$。“( )”中的数字为相应的标准误。

三、贸易政策不确定性对企业二元边际的影响——国数

（一）模型的构建

本节主要分析贸易政策不确定性引致的出口增长变化。为了证实这一作用机制，本节通过设定以下三个模型来考察贸易政策不确定性对企业出口的总影响，并将其分解为集约影响和扩展影响。模型如下：

$$D.STV_{it} = \beta_0 + \beta_1 T\_TPU_t + \beta_2 F\_TPU_{it} + \beta_3 tsl_{tp} + \xi_{it} \quad (8\text{-}1)$$

$$D.AP_{it} = \beta_0 + \beta_1 T\_TPU_t + \beta_2 F\_TPU_{it} + \beta_3 tsl_{tp} + \xi_{it} \quad (8\text{-}2)$$

$$D.N_{it} = \beta_0 + \beta_1 T\_TPU_t + \beta_2 F\_TPU_{it} + \beta_3 tsl_{tp} + \xi_{it} \quad (8\text{-}3)$$

（二）核心指标解释

1. 系统性贸易政策不确定性（T_TPU_t）

贸易政策不确定性分为两类：一类是系统性贸易政策不确定性，另一类是非系统性贸易政策不确定性。本节将CEPII数据库中的中国2000—2016年的全部出口数据通过加权平均计算出中国各年所面临的系统性贸易政策不确定性。系统性贸易政策不确定性是中国所有出口企业都要面对的，是不能通过管理分散掉的不确定性，因此这种不确定性应该得到补偿。

2. 非系统性贸易政策不确定性（F_TPU_{it}）

非系统性贸易政策不确定性是指单个企业或者单项出口业务所承担的贸易政策不确定性，它不同于系统性贸易政策不确定性不可避免的特征，非系统性贸易政策不确定性可以通过提高管理层的管理能力，将这种不确定性分散掉，因此它不能得到补偿。在数值上等于贸易政策不确定性减去系统性贸易政策不确定性。

3. 出口退税率（tsl_{tp}）

出口退税率（tsl_{tp}）是指中国t年p产品出口退回的增值税的比例。出口退税率针对的是产品，即该年具体产品无论向哪个国家或者地区出口，其享受的出口退税率都是一样的。

4. $D.STV_{it}$

$D.STV_{it}$代表企业 i 在 t 年出口总额的增长。企业 i 在 t 年出口总额是由中国海关数据库每一行记录的出口额加总到“企业—年”层面获得的(海关库的数据以月度为单位，且每行代表一次报关记录)。企业 i 在 t 年出口总额的增长是对总额加 1 取对数处理后差分。

5. $D.N_{it}$

$D.N_{it}$代表企业 i 在 t 年出口目的地的数量的增长。企业 i 在 t 年出口目的地数量的增长是对企业 i 在 t 年出口目的地个数加 1 取对数处理后差分求得。

6. $D.AP_{it}$

$D.AP_{it}$代表企业 i 在 t 期的平均向每个出口目的地出口的贸易额的增长。企业 i 在 t 期的平均每个出口目的地出口贸易额的增长是对企业 i 在 t 期的平均每个出口目的地出口的贸易额加 1 取对数处理后差分。

(三)描述性统计分析

从表 8-10 中可以看到，系统性贸易政策不确定性尽管均值较大，但方差小，而非系统性贸易政策不确定性则相反，均值小，方差大，因此会留给企业管理层分散风险的机会。

表 8-10　**描述性统计分析**

Variable	Obs	Mean	Std. Dev.	Min	Max
$D.STV_{it}$	1,757,226	0.16	1.36	−15.36	16.16
$D.AP_{it}$	1,757,226	0.10	1.12	−13.50	13.14
$D.N_{it}$	1,757,226	0.04	0.51	−4.26	4.28
T_TPU_t	2,320,695	0.90	0.23	0.48	1.36
F_TPU_{it}	2,320,694	0.34	3.99	−1.36	492.80
tsl_{tp}	2,320,694	12.44	3.80	0.00	17.00

（四）计量结果

运用 OLS 进行回归，结果如表 8-11 所示。

表 8-11 **基准回归**

OLS	D. STV_{it}	D. AP_{it}	D. N_{it}
T_TPU_t	-0.195***	-0.110***	-0.0684***
	(0.00458)	(0.00377)	(0.00172)
F_TPU_{it}	-0.000199	0.000146	-0.000244**
	(0.000289)	(0.000238)	(0.000109)
tsl_{tp}	0.00911***	0.00451***	0.00361***
	(0.000270)	(0.000222)	(0.000101)
_cons	0.218***	0.147***	0.0580***
	(0.00547)	(0.00450)	(0.00206)
N	1,757,226	1,757,226	1,757,226
R^2	0.002	0.001	0.002

注：$*p < 0.10$，$**p < 0.05$，$***p < 0.01$。“( )”中的数字为相应的标准误。

从表 8-11 中可以看出，贸易政策不确定性对我国出口的影响整体为负，其中系统性贸易政策不确定性对我国出口的影响整体为负影响，其主要影响体现在对集约边际的影响，当系统性贸易政策不确定性增大时，整体关税不确定性增强，出口企业只能等待、观望，等有确切消息以后再交易，因此主要影响体现在集约边际上，对扩展边际也有负影响，只是程度上比集约边际小。非系统性贸易政策不确定性反映的企业自身特点，企业可以通过管理分散掉，从 2000—2013 年我国出口数据来看，虽然非系统性贸易政策不确定性对出口影响整体为负，但并不显著，只有对扩展边际的影响是显著为负时，即当企业面临的非系统性贸易政策不确定性较高时，企业才会降低出口的产品种类的增长。因此，出口退税政策无论在集约边际还是扩展边际都对企业出口有正向影响。

(五)稳健性检验

通过改变计量方法进行稳健性检验。基准回归用的 OLS，现在用面板模型来分析。

从表 8-12 中可以看出，贸易政策不确定性对我国出口的影响整体为负，其中系统性贸易政策不确定性对我国出口的影响整体为负，集约边际和扩展边际均受影响，当系统性贸易政策不确定性增大时，整体关税不确定性增强，出口企业只能等待、观望，等有确切消息以后再交易。非系统性贸易政策不确定性反映的企业自身特点，企业可以通过管理分散掉，从 2000—2013 年我国出口数据来看，非系统性贸易政策不确定性对出口影响并不显著，且回归系统接近于 0。退税政策对我国出口企业在集约边际和扩展边际小都有显著的促进作用。

表 8-12　**稳健性回归**

FE	D. STV_{it}	D. AP_{it}	D. N_{it}
T_TPU_t	-0.105^{***} (0.00474)	-0.0442^{***} (0.00396)	-0.0492^{***} (0.00184)
F_TPU_{it}	0.000247 (0.000431)	0.000406 (0.000360)	−0.000186 (0.000167)
tsl_{tp}	0.0207^{***} (0.000569)	0.0134^{***} (0.000475)	0.00573^{***} (0.000220)
_cons	−0.00714 (0.00866)	-0.0222^{***} (0.00723)	0.0146^{***} (0.00335)
N	1,757,226	1,757,226	1,757,226
R^2	0.001	0.001	0.001

注：$*p < 0.10$，$**p < 0.05$，$***p < 0.01$。“( )”中的数字为相应的标准误。

(六)异质性回归

1. 不同规模

不同规模的企业有可能存在异质性，企业的效率和规模有关，规模大的企业通常拥有更低的变动成本，因此能够获得更大的优势。本章将中国海关数据库中的2000—2016年所有样本根据出口规模等分成三份，分别是小型出口企业、中型出口企业、大型出口企业。

从表8-13中可以看出，不同企业规模下，系统性贸易政策不确定性对企业出口均显著为负，且主要影响在集约边际上，但回归系统的绝对值却随着企业规模的变大而减少，说明企业规模越大，系统性贸易政策不确定性对企业出口的影响就越小，这与Melitz的异质性企业贸易理论中生产率高的企业占优的结果类似。非系统性贸易政策不确定性对小规模的出口企业影响不显著，对大企业的影响是显著负相关，但回归系统较小。因此退税政策对我国出口企业在集约边际和扩展边际小都有显著的促进作用。

表8-13 **不同规模企业回归**

	OLS	D. STV_{it}	D. AP_{it}	D. N_{it}
大型出口企业	T_TPU_t	−0.157***	−0.0815***	−0.0644***
		(0.00579)	(0.00467)	(0.00266)
	F_TPU_{it}	−0.00183***	−0.000725**	−0.000825***
		(0.000417)	(0.000337)	(0.000192)
	tsl_{tp}	0.00770***	0.00354***	0.00345***
		(0.000347)	(0.000280)	(0.000159)
	_cons	0.253***	0.165***	0.0750***
		(0.00699)	(0.00564)	(0.00321)
	N	646862	646862	646862
	R^2	0.002	0.001	0.002

续表

	OLS	D. STV_{it}	D. AP_{it}	D. N_{it}
中型出口企业	T_TPU_t	−0.195*** (0.00756)	−0.104*** (0.00604)	−0.0734*** (0.00314)
	F_TPU_{it}	0.000461 (0.000497)	0.000993** (0.000397)	−0.000371* (0.000206)
	tsl_{tp}	0.00903*** (0.000446)	0.00411*** (0.000356)	0.00381*** (0.000185)
	_cons	0.232*** (0.00903)	0.157*** (0.00721)	0.0614*** (0.00375)
	N	610268	610268	610268
	R^2	0.002	0.001	0.002
小型出口企业	T_TPU_t	−0.239*** (0.0108)	−0.149*** (0.00917)	−0.0656*** (0.00319)
	F_TPU_{it}	−0.0000140 (0.000579)	−0.000208 (0.000491)	0.000150 (0.000171)
	tsl_{tp}	0.00928*** (0.000622)	0.00517*** (0.000527)	0.00301*** (0.000183)
	_cons	0.174*** (0.0128)	0.123*** (0.0108)	0.0376*** (0.00376)
	N	500096	500096	500096
	R^2	0.001	0.001	0.001

注：* $p < 0.10$，** $p < 0.05$，*** $p < 0.01$。"( )"中的数据为相应的标准误。

2. 企业所有制

不同所有制企业应对贸易政策不确定性会有所差异，一般认为外贸企业在出口方面具有更多优势。我们将中国海关数据库的样本数据和中国工业企业数据库的数据合并，并沿用中国工业企业数据库的实收资本将样本数据分为：外资企业、国有企业、私营企业三种所有制结构。实收资本中不含国有资本和外商企业的企业是私营企业；含国有资本和外国资本的企业中，国有资本占比高的算国有企业；外国资本占比高的算外资企业。

从表 8-14 中可以看出，系统性贸易政策不确定性对外资企业的影响呈显著负相关，但对非外资企业的影响却是呈正相关，且以增加扩展边际为主，即系统性贸易政策不确定性越高越能促进企业通过增加出口目的地来分散不确定性。这与我国现在的“一带一路”倡议的政策相一致。系统性风险是所有企业都要面对的，虽然任何国家都会受到世界范围内的经济下行的影响，但靠减少出口躲避风险只会让市场缩小，而我国通过“一带一路”，通过增加出口目的地的数量，通过贸易合作来应付不确定性却是一种积极的应对方式，是联合所有可以联合的力量来共同面对世界经济的波动。而且私营企业在这种联合中起到了重要的作用，私营企业的回归系数是最高的，高于国有企业。非系统性贸易政策不确定性对外资企业和私营企业的影响都显著负相关，其中外资企业对扩展边际的影响为正，说明非系统性贸易政策不确定性高时，外资企业会选择增加出口目的国数量。非系统性贸易政策不确定对国有企业的影响为正，这说明国有企业并不完全按经济规律，国有企业有自己的社会责任。因此退税政策对我国出口企业在集约边际和扩展边际小都有显著的促进作用。

表 8-14　**不同所有制企业回归**

	OLS	D. STV_{it}	D. AP_{it}	D. N_{it}
国有企业	T_TPU_t	0.199*** (0.0195)	0.0676*** (0.0150)	0.107*** (0.00766)
	F_TPU_{it}	0.00184* (0.00101)	0.00170** (0.000778)	0.000118 (0.000397)
	tsl_{tp}	0.0179*** (0.00166)	0.00636*** (0.00127)	0.00950*** (0.000650)
	_cons	−0.390*** (0.0257)	−0.127*** (0.0198)	−0.214*** (0.0101)
	N	83,406	83,406	83,406
	R^2	0.003	0.001	0.006

续表

	OLS	D. STV_{it}	D. AP_{it}	D. N_{it}
私营企业	T_TPU_t	0. 390*** (0. 0195)	0. 156*** (0. 0149)	0. 192*** (0. 00792)
	F_TPU_{it}	−0. 00204** (0. 000976)	−0. 000966 (0. 000746)	−0. 000752* (0. 000397)
	tsl_{tp}	0. 0243*** (0. 00178)	0. 00762*** (0. 00136)	0. 0140*** (0. 000724)
	_cons	−0. 0288 (0. 0255)	0. 102*** (0. 0195)	−0. 115*** (0. 0104)
	N	112,453	112,453	112,453
	R^2	0. 006	0. 001	0. 009
外资企业	T_TPU_t	−0. 0228** (0. 00916)	−0. 0279*** (0. 00822)	0. 00360 (0. 00309)
	F_TPU_{it}	−0. 00167** (0. 000671)	−0. 00236*** (0. 000602)	0. 000713*** (0. 000226)
	tsl_{tp}	0. 00834*** (0. 000903)	0. 00338*** (0. 000810)	0. 00389*** (0. 000304)
	_cons	0. 127*** (0. 0133)	0. 0992*** (0. 0120)	0. 0216*** (0. 00450)
	N	269,338	269,338	269,338
	R^2	0. 000	0. 000	0. 001

注：$*p < 0.10$，$**p < 0.05$，$***p < 0.01$。“( )”中的数字为相应的标准误。

3. 地区

不同地区的企业因为其地理位置不同而影响出口选择和产品选择。本书将地区进行分类，按中国统计年鉴分为东部、中部、西部、东北，如果一个企业同一年度所在省份不一致，并且跨地区，则认为是分支机构造成的，这种企业所属地区算跨地区。东部地区有 10 个省份，包括北京、天津、河北、上海、江苏、浙江、福建、山东、广东和海南；中部地区有 6 个省份，包括山西、安徽、江西、河南、湖北和湖南；西部地区有 12 个省份，包括内蒙古、广西、重庆、四川、贵州、云南、西藏、陕西、甘肃、青海、宁夏和新疆；东北地区有 3 个省份，包括辽宁、吉林和黑龙江。

从 8-15 中可以看出，虽然企业所属地区不同，系统性贸易政策不确定性均为显著负相关。非系统性贸易政策不确定性对东部、西部、东北的企业出口的影响为负，而对中部企业的出口影响不显著，但表 8-15 显示非系统性贸易政策不确定性对跨地区企业出口的影响显著为正，且对集约边际和扩展边际的影响均为正向显著，说明跨地区企业实力较强，能够较好地掌控非系统性贸易政策不确定性，通过分散的方式将其分散、转移掉。因此退税政策对我国出口企业在集约边际和扩展边际上都有显著的促进作用。

表 8-15　　**不同地区企业回归**

	OLS	D. STV_{it}	D. AP_{it}	D. N_{it}
东部地区	T_TPU_t	−0.297***	−0.179***	−0.0938***
		(0.00536)	(0.00453)	(0.00200)
	F_TPU_{it}	−0.000350	0.0000608	−0.000291**
		(0.000362)	(0.000306)	(0.000135)
	tsl_{tp}	0.00667***	0.00279***	0.00298***
		(0.000359)	(0.000304)	(0.000134)
	_cons	0.275***	0.187***	0.0725***
		(0.00679)	(0.00574)	(0.00253)
	N	1,002,771	1,002,771	1,002,771
	R^2	0.003	0.002	0.003

续表

	OLS	D. STV_{it}	D. AP_{it}	D. N_{it}
中部地区	T_TPU_t	−0. 306***	−0. 175***	−0. 103***
		(0. 0238)	(0. 0198)	(0. 00874)
	F_TPU_{it}	0. 00161	0. 00188	−0. 000145
		(0. 00148)	(0. 00123)	(0. 000542)
	tsl_{tp}	0. 0146***	0. 00591***	0. 00694***
		(0. 00129)	(0. 00108)	(0. 000474)
	_cons	0. 267***	0. 191***	0. 0615***
		(0. 0265)	(0. 0221)	(0. 00972)
	N	52,965	52,965	52,965
	R^2	0. 006	0. 002	0. 007
西部地区	T_TPU_t	−0. 271***	−0. 143***	−0. 0976***
		(0. 0283)	(0. 0241)	(0. 00956)
	F_TPU_{it}	−0. 00341**	−0. 00238**	−0. 000699
		(0. 00137)	(0. 00117)	(0. 000465)
	tsl_{tp}	0. 0124***	0. 00411***	0. 00657***
		(0. 00140)	(0. 00119)	(0. 000474)
	_cons	0. 210***	0. 155***	0. 0432***
		(0. 0301)	(0. 0256)	(0. 0102)
	N	43,511	43,511	43,511
	R^2	0. 004	0. 001	0. 007
东北地区	T_TPU_t	−0. 203***	−0. 128***	−0. 0579***
		(0. 0219)	(0. 0196)	(0. 00675)
	F_TPU_{it}	−0. 00422***	−0. 00366***	−0. 000310
		(0. 00127)	(0. 00114)	(0. 000390)
	tsl_{tp}	0. 00969***	0. 00465***	0. 00395***
		(0. 00116)	(0. 00104)	(0. 000358)
	_cons	0. 142***	0. 110***	0. 0264***
		(0. 0240)	(0. 0215)	(0. 00740)
	N	61,596	61,596	61,596
	R^2	0. 003	0. 001	0. 003

续表

	OLS	D. STV_{it}	D. AP_{it}	D. N_{it}
跨地区	T_TPU_t	-0.231***	-0.142***	-0.0754***
		(0.0210)	(0.0155)	(0.00928)
	F_TPU_{it}	0.00320***	0.00291***	0.000260
		(0.00101)	(0.000744)	(0.000445)
	tsl_{tp}	0.00508***	0.00199**	0.00224***
		(0.00122)	(0.000903)	(0.000541)
	_cons	0.0115	0.0672***	-0.0399***
		(0.0240)	(0.0177)	(0.0106)
	N	81,526	81,526	81,526
	R^2	0.002	0.001	0.001

注：$*p < 0.10$，$**p < 0.05$，$***p < 0.01$。"( )"中的数字为相应的标准误。

第九章　不确定性对企业经营业绩的影响

第一节　问题的提出

通过系统性贸易政策不确定性对企业出口收入的实证，证明了贸易政策不确定性对企业收入的影响。前面章节研究证明系统性贸易政策不确定性对企业出口的影响结果在基准回归、稳健性回归和异质性回归中几乎均为显著负影响，结果比较稳定。但是，贸易政策不确定性也会加高出口的门槛，阻止其他竞争企业的进入，使企业出口产品的价格保持在一个合理的水平。现有研究主要集中在贸易政策不确定性对出口额的研究，贸易政策不确定性对出口企业利润的研究较少。基于现有研究的不足，本章尝试将企业数据用于贸易政策不确定性对出口企业利润的研究。在异质性贸易模型的分析框架下探讨贸易政策不确定性影响出口企业利润增长的作用机制，然后利用2000—2013年我国出口企业的微观数据实证检验贸易政策不确定性引致的出口企业经营业绩的变化。

第二节　贸易政策不确定性与企业经营：理论机理

根据Melitz模型，变动成本越低，产品销售数量越大。对 $\pi(V_c)=\frac{R}{\delta}\left(\frac{P\rho}{V_c}\right)^{\sigma-1}-f$ 求导，偏导数 $\pi'_{V_c}=\frac{R}{\delta}(P\rho)^{\sigma-1}\cdot(1-\sigma)V^{-\sigma}$，其中，$\sigma>1$，所以 $\pi'_{V_c}<0$，即变动成本越低，企业利润越高。但是，在存在贸易政策不确定性的情况下，按照风险收益原则，企

业对收益的期望会随着不确定性的提高而提高，这相当于增大了变动成本，降低了企业在市场上的竞争力，使企业在国际市场上的定价会提高，随着定价的提高，产品销售数量会降低，因此企业利润也会降低。而且，由于贸易政策不确定性的存在所抑制的出口很可能转为内销，进一步挤占内销市场的空间，使内销企业的生存环境进一步恶化。本章使用微观企业层面的数据，引入贸易政策不确定性来测算贸易政策不确定性对产品层面的影响，同时控制了出口退税这个变量。和贸易政策不确定性相反，出口退税是我国用来促进出口的贸易政策。增值税作为流转税，在出口时理应退税，使用不含税的价格去国际市场竞争。但现实中，出口退税的力度也有不同，但通常会释放一部分关税及其不确定性所引起的贸易的抑制作用。

因此，我们认为贸易政策不确定性对企业利润增长有负向影响。

第三节　贸易政策不确定性与利润增长：经验证据

一、数据来源与处理说明

数据处理必须根据所研究的问题而有所不同。本章研究的是贸易政策不确定对企业利润的影响，首先将中国海关数据库的出口数据和中国工业企业数据库的企业财务数据相匹配。中国海关数据库中的每条数据都是报关数据，是相对于中国工业企业数据库的调查数据更为准确的数据。研究中国海关数据库发现海关编号是企业进出口时用来报关的，是企业的身份标识，但有些企业有多个海关编号，因为报关时要根据企业的海关编号报关，有些企业持有多个海关编号是正常的。企业和海关编号之间的关系是一对多的关系，是否正确识别不仅会减少企业外贸的真实信息量，还会对确定贸易种类产生影响。在相同海关编号的企业有多个企业名称，经识别多为企业简称，本书也进行了加总合并。这样合并更有利于保证数据的连续性，便于比较贸易政策的变动。对中国海关数据库提取年份、企业 ID、目的国、贸易方式、产品编码、出口额等指标。对中国海关数据库的异常数据进行了一定的恢复，然后按以下方式整理数据：删除少数企业编码和产品编码缺失的样本。在贸易方式上，贸易方式仅保留：一般贸易、边境小额贸易、出料加工贸易、进料加工贸易、来料加工装配贸易。处理后的中国海关数据库的数据情况如图 9-1 和表 9-1 所示。

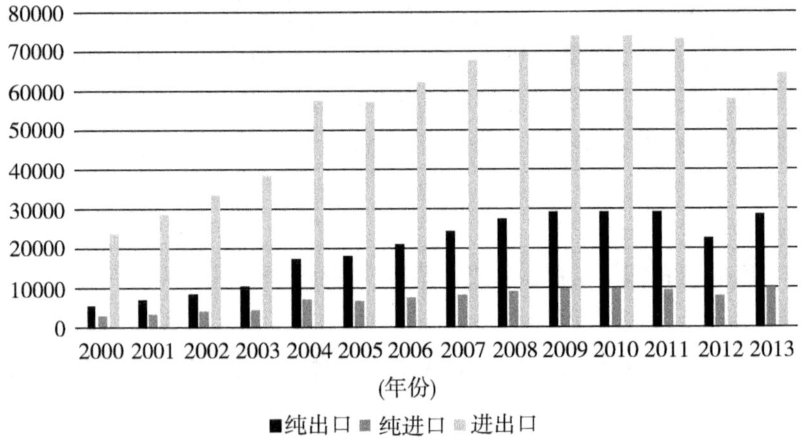

图 9-1　我国涉外企业情况

从图 9-1 可以看出，2000—2013 年我国出口企业数量逐年增加，尤其自 2001 年加入 WTO 以后，我国出口企业增长更加迅速。但可以看出，纯进口企业的数量的增长却并不明显。结合表 9-1 可以看出，我国出口企业中存在较大比例的企业是两头在外的，即：从国外购进商品，经过加工再卖到国外，从中赚取加工费。

表 9-1　**中国海关数据库情况**

年份	进出口企业		出口企业		出口同时进口占比	
	样本数	增长率	样本数	增长率	占比	增长率
2000	82,063	—	62,771	—	69%	—
2001	89,660	9%	68,487	9%	68%	-2%

续表

年份	进出口企业		出口企业		出口同时进口占比	
	样本数	增长率	样本数	增长率	占比	增长率
2002	104,245	16%	78,612	15%	66%	-3%
2003	124,299	19%	95,688	22%	62%	-6%
2004	153,779	24%	120,590	26%	57%	-8%
2005	179,665	17%	144,030	19%	54%	-6%
2006	208,425	16%	171,205	19%	49%	-9%
2007	236,505	13%	193,567	13%	47%	-5%
2008	251,965	7%	206,529	7%	45%	-4%
2009	262,996	4%	216,230	5%	42%	-6%
2010	285,712	9%	234,385	8%	41%	-3%
2011	310,902	9%	254,643	9%	40%	-4%
2012	328,826	6%	269,576	6%	38%	-4%
2013	329,350	0%	270,460	0%	38%	-1%
企业数	675,021	—	530,606	—	—	—

资料来源：作者根据中国海关数据库整理。

从表9-2中可看出中国海关数据库的整体情况，可以看到海关总样本量逐年增长，说明我国企业进出口业务逐年增长，对外交流增加，但增速在2008年出现断崖式下跌，主要原因可能是由于2008年金融危机、全球经济下滑造成的。从出口企业样本来看，我国出口企业样本数逐年增长，增长情况也有同样的规律。我国早期加工业务较多，出现两头在外的加工企业较多，因此出口同时进口的企业在出口企业样本中所占的比例一向较高，最高时达69%。但随着我国在吸收国外先进经验的同时加强自主创新，因此我国出口企业同时进口的情况有所改变，到2013年仅38%的出口企业依赖进口，可以看到出口同时进口企业的占比逐年下滑。

表 9-2　中国海关数据库与工业库合并成功的出口企业样本分析

年份	出口样本	样本选择比例	出口同时进口占比	企业数
2000	18,674	30.22%	76%	18,670
2001	22,664	33.71%	73%	22,272
2002	26,832	34.92%	70%	26,795
2003	32,316	34.67%	67%	32,393
2004	50,424	42.75%	65%	49,742
2005	53,291	37.75%	63%	52,525
2006	60,158	35.77%	60%	59,803
2007	68,406	35.53%	58%	67,855
2008	73,538	35.78%	55%	71,810
2009	77,211	35.87%	53%	75,741
2010	76,221	32.66%	53%	74,864
2011	73,481	28.97%	53%	72,695
2012	55,404	20.79%	52%	54,365
2013	74,339	27.81%	53%	73,220
样本数	159,345	—	—	153,436

从表 9-2 中可以看出，通过与工业库合并，有 30%的出口企业可以在工业库找到与之匹配的企业层面的信息。企业分布情况与整体海关库情况相似且样本量大，符合大样本的要求，因此可以进行后续的研究。最后一列显示了企业数这个指标，这个指标和出口样本的差异不大，但是对研究的影响却比较大。在中国海关数据库中，有些企业用多个出口 ID 进行出口，但企业名称显示就是一家企业。经调查发现，这类企业不多，但却是大企业，对我国出口影响较大，因此本书进行了合并处理，认同为一家企业。最终配对成功的企业数在 2000—2013 年分别为：18,674 家，22,664 家，26,832 家，32,316家，50,424 家，53,291 家，60,158 家，68,406 家，73,538家，77,211 家，76,221 家，73,481 家，55,404 家，74,339家。

在关税数据的合并上，本章根据加入 WTO 的时间考虑约束税率选择最惠国税率还是约束税率。贸易双方国家只有在加入 WTO 后约束税率才是最惠国税率(MFN)，加入前则是约束税率(BND)，如果 BND 小于 AHS，则借鉴 Alberto 等(2015)用三倍 AHS 代替约束税率的做法。另外，如果 MFN 小于 AHS 也用三倍 AHS 代替约束税率(本书如无特殊说明，本书涉及关税均按此原则处理)。

二、贸易政策不确定性对企业利润的影响

(一)模型的构建

本节主要分析贸易政策不确定性引致的利润变化。本节主要分析贸易政策不确定性引致的企业绩效的变化。为了证实这一作用机制，本节通过利润率、销售增长率、总资产增长率、代理成本、营业利润和利润总额等指标，设定以模型考察贸易政策不确定性对企业绩效的影响，模型如下：

$$\text{pro\_rate}_{it} = \beta_0 + \beta_1 T\_\text{TPU}_t + \beta_2 F\_\text{TPU}_{it} + \xi_{it} \tag{9-1}$$

$$\text{sale\_gr}_{it} = \beta_0 + \beta_1 T\_\text{TPU}_t + \beta_2 F\_\text{TPU}_{it} + \xi_{it} \tag{9-2}$$

$$\text{totlast\_gr}_{it} = \beta_0 + \beta_1 T\_\text{TPU}_t + \beta_2 F\_\text{TPU}_{it} + \xi_{it} \tag{9-3}$$

$$\text{ac}_{it} = \beta_0 + \beta_1 T\_\text{TPU}_{it} + \beta_2 F\_\text{TPU}_{it} + \xi_{it} \tag{9-4}$$

$$\text{lnoppft}_{it} = \beta_0 + \beta_1 T\_\text{TPU}_t + \beta_2 F\_\text{TPU}_{it} + \xi_{it} \tag{9-5}$$

$$\text{lntotlpft}_{it} = \beta_0 + \beta_1 T\_\text{TPU}_t + \beta_2 F\_\text{TPU}_{it} + \xi_{it} \tag{9-6}$$

(二)核心指标解释

1. 系统性贸易政策不确定性(T_TPU_t)

贸易政策不确定性分为两类，一类是系统性贸易政策不确定性，另一类是非系统性贸易政策不确定性。本节将 CEPII 数据库中的中国在 2000—2016 年的全部出口数据通过加权平均计算出中国各年所面临的系统性贸易政策不确定性。系统性贸易政策不确定性是中国所有出口企业都要面对的，是不能通过管理分散掉的不确定性，因此这种不确定性应该得到补偿。

2. 非系统性贸易政策不确定性(F_TPU_{it})

中国海关数据库中将承担的贸易贸易政策不确定性减去系统性贸易政策不确定性后剩下的。非系统性贸易政策不确定性是可以通过管理层控制分散掉的，因此不能得到补偿。

3. pro_rate

pro_rate 代表利润率，利润率反映企业一定时期利润水平的相对指标。

4. sale_gr

sale_gr 代表销售增长率，体现企业销售规模的扩张，是用主营业务收入的自然对数后差分来衡量的。

5. totlast_gr

totlast_gr 代表总资产增长率，体现企业整体规模的扩张，是用总资产的自然对数后差分来衡量。

6. ac

ac 代表代理成本，是指因代理问题所产生的损失以及为了解决代理问题所发生的成本，是用管理费用占主营业务收入的比例来衡量的。

7. lnoppft

lnoppft 代表企业的盈利能力，是用营业利润的自然对数衡量的。营业利润是指企业从事生产经营活动中取得的利润，是企业利润的主要来源。营业利润等于主营业务利润加上其他业务利润，再减去营业费用、管理费用和财务费用后的金额。

8. lntotlpft

lntotlpft 代表利润总额的自然对数，利润总额是企业在一定时期内通过生产经营活动所实现的最终财务成果。企业纯收入构成内容之一。主要由销售利润和营业外净收支（营业外支出抵减利润）两部分构成。

(三) 描述性统计分析

从表 9-3 中可以看到，系统性贸易政策不确定性尽管均值较大，但方差小，而非系统性贸易政策不确定性则相反，均值小，方差大，因此会留给企业管理层分散风险的机会。

表 9-3　　　　　　　　　　**描述性统计分析**

Variable	Obs	Mean	Std. Dev.	Min	Max
T_TPU_t	762,959	0.89	0.23	0.48	1.36
F_TPU_{it}	762,959	0.20	3.57	-1.36	492.73
tsl_{tp}	762,959	12.64	3.70	0.00	17.00
pro_rate	762,959	14.96	10.20	-8.38	58.52
sale_gr	637,562	33.74	98.29	-76.76	765.86
totlast_gr	637,552	27.01	84.30	-73.63	725.86
ac	762,959	6.63	6.09	0.08	44.69
lnoppft	614,177	7.80	1.93	-4.70	18.72
lntotlpft	617,142	7.70	1.99	-1.19	18.72

(四)计量结果

运用 OLS 进行基准回归，结果如表 9-4、表 9-5 所示。

表 9-4　　　　　　　　　　**基准回归**

OLS	pro_rate		sale_gr		totlast_gr	
T_TPU_t	-0.120**	-0.119**	-83.49***	-83.65***	-63.41***	-63.46***
	(0.0503)	(0.0503)	(0.521)	(0.521)	(0.449)	(0.449)
F_TPU_{it}	-0.0198***	-0.0196***	-0.0607*	-0.0672*	0.00997	0.00792
	(0.00327)	(0.00327)	(0.0348)	(0.0348)	(0.0299)	(0.0300)
tsl_{tp}		0.00844***		-0.278***		-0.0880***
		(0.00316)		(0.0324)		(0.0279)
_cons	15.08***	14.97***	107.5***	111.2***	83.05***	84.20***
	(0.0464)	(0.0615)	(0.476)	(0.637)	(0.410)	(0.549)
N	762,959	762,959	637,562	637,562	637,552	637,552
R^2	0.000	0.000	0.039	0.039	0.030	0.030

注：***、**、*分别表示在 1%、5%、10%的显著性水平上通过检验；“( )”中的数字为相应的标准误。

表 9-5　　　　　　　　　　**基 准 回 归**

OLS	ac		lnoppft		lntotlpft	
T_TPU_t	1.222***	1.243***	-0.328***	-0.329***	-0.357***	-0.357***
	(0.0300)	(0.0299)	(0.0106)	(0.0106)	(0.0109)	(0.0109)
F_TPU_{it}	-0.0471***	-0.0446***	-0.00757***	-0.00765***	-0.00780***	-0.00789***
	(0.00195)	(0.00194)	(0.000687)	(0.000687)	(0.000707)	(0.000707)
tsl_{tp}		0.140***		-0.00415***		-0.00464***
		(0.00188)		(0.000660)		(0.000680)
_cons	5.550***	3.764***	8.097***	8.150***	8.017***	8.076***
	(0.0277)	(0.0365)	(0.00973)	(0.0129)	(0.0100)	(0.0133)
N	762,959	762,959	614,177	614,177	617,142	617,142
R^2	0.003	0.010	0.002	0.002	0.002	0.002

注：***、**、*分别表示在1%、5%、10%的显著性水平上通过检验；“( )”中的数字为相应的标准误。

从表 9-4、表 9-5 中可以看出，系统性贸易政策不确定性对中国出口的影响除代理成本外均为负，说明系统性贸易政策不确定性越大，企业在利润率、销售增长、总资产增长、营业利润、利润总额等方面均有不利影响，会因为系统性贸易政策不确定性增加代理成本。在加入出口退税指标后发现，出口退税并没有降低系统性贸易政策不确定性带来的负面影响。非系统性贸易政策不确定性对利润率、销售增长、代理成本、营业利润、利润总额等方面均有负向影响，在加入了出口退税率指标后结论依然成立。

(五)稳健性检验

通过改变计量方法进行稳健性检验。基准回归用的 OLS，现在用面板模型来分析。

从表 9-6、表 9-7 中可知，系统性贸易政策不确定性对我国出口的影响除代理成本外均为负，说明系统性贸易政策不确定性越大，企业在利润率、销售增长、总资产增长、营业利润、利润总额等方面均有不利影响，会因为系统性贸易政策不确定性增加代理成本。在加入出口退税指标后发现，出口退税并没有降低系统性贸易政策不确定性带来的负面影响。非系统性贸易政策不确定性对利润率、销售增长、代理成本、营业利润、利润总额等方面均有负向影响，在加入了出口退税指标后差异不大。稳健性检验基本和基准回归的结果相似，只是回归系数有些差异。

表 9-6　　　　**稳健性回归**

FE	pro_rate		sale_gr		totlast_gr	
T_TPU_t	-0.0209 (0.0342)	0.0438 (0.0343)	-82.74*** (0.536)	-82.27*** (0.539)	-63.29*** (0.461)	-63.21*** (0.463)
F_TPU_{it}	-0.00281 (0.00294)	-0.00320 (0.00294)	-0.149*** (0.0499)	-0.149*** (0.0499)	-0.146*** (0.0429)	-0.146*** (0.0429)
tsl_{tp}		0.0900*** (0.00409)		0.542*** (0.0663)		0.0911 (0.0570)
_cons	14.98*** (0.0315)	13.79*** (0.0628)	106.9*** (0.489)	99.66*** (1.009)	82.97*** (0.420)	81.76*** (0.867)
N	762,959	762,959	637,562	637,562	637,552	637,552
R^2	0.000	0.001	0.045	0.045	0.036	0.036

注：***、**、* 分别表示在 1%、5%、10%的显著性水平上通过检验；“( )”中的数字为相应的标准误。

表 9-7　　　　**稳健性回归**

FE	ac		lnoppft		lntotlpft	
T_TPU_t	0.659*** (0.0203)	0.628*** (0.0204)	-0.295*** (0.00693)	-0.291*** (0.00696)	-0.281*** (0.00689)	-0.282*** (0.00691)
F_TPU_{it}	0.00137 (0.00175)	0.00155 (0.00175)	-0.00297*** (0.000597)	-0.00299*** (0.000597)	-0.00131** (0.000595)	-0.00131** (0.000595)

续表

FE	ac		lnoppft		lntotlpft	
tsl_{tp}		−0.0425*** (0.00243)		0.00609*** (0.000852)		−0.00153* (0.000841)
_cons	6.044*** (0.0187)	6.608*** (0.0373)	8.067*** (0.00633)	7.986*** (0.0130)	7.948*** (0.00630)	7.968*** (0.0128)
N	762,959	762,959	614,177	614,177	617,142	617,142
R^2	0.002	0.002	0.004	0.004	0.004	0.004

注：***、**、*分别表示在1%、5%、10%的显著性水平上通过检验；“( )”中的数字为相应的标准误。

(六)异质性回归

1. 不同规模

不同规模的企业有可能存在异质性，企业的效率和规模有关，规模大的企业通常拥有更低的变动成本，因此能够获得更大的优势。将所有样本企业根据规模等分成三份，分别是小型出口企业、中型出口企业、大型出口企业。

从表9-8中可以看出，不同规模下，系统性贸易政策不确定性对企业利润率的影响不同。系统性贸易政策不确定性只对中型出口企业的影响呈负显著。大型出口企业和小型出口企业中，系统性贸易政策不确定性对企业利润率的影响都不显著。非系统性贸易政策不确定性对小型出口企业和中型出口的利润率影响为负，但对大型出口企业的利润却有正向影响。说明对于大型出口企业而言，对抗不确定性的能力较强，可以从中获取更多利益。

表9-8　　**不同规模企业利润率**

pro_rate	小型出口企业		中型出口企业		大型出口企业	
T_TPU_t	−0.128 (0.121)	−0.129 (0.121)	−0.463*** (0.0838)	−0.454*** (0.0838)	0.0444 (0.0706)	0.0495 (0.0706)

续表

pro_rate	小型出口企业		中型出口企业		大型出口企业	
F_TPU_{it}	-0.0470***	-0.0470***	-0.0459***	-0.0453***	0.00589	0.00744
	(0.00660)	(0.00660)	(0.00528)	(0.00528)	(0.00524)	(0.00524)
tsl_{tp}		-0.0110		0.0435***		0.0464***
		(0.00734)		(0.00533)		(0.00446)
_cons	16.16***	16.30***	15.00***	14.45***	13.83***	13.23***
	(0.112)	(0.145)	(0.0774)	(0.103)	(0.0649)	(0.0868)
N	153,922	153,922	257,192	257,192	351,845	351,845
R^2	0.000	0.000	0.000	0.001	0.000	0.000

注：***、**、*分别表示在1%、5%、10%的显著性水平上通过检验；“( )”中的数字为相应的标准误。

从表9-9中可以看出，不同规模下，系统性贸易政策不确定性对企业销售增长率的影响均显著为负。规模越小的企业这种影响越大，说明越小的企业越承担不起系统性的贸易政策不确定性带来的伤害。非系统性贸易政策不确定性对中型、大型企业的影响不显著，但对小型的出口企业销售增长率影响显著为负，进一步说明了小型企业对抗不确定性的能力较弱，外界稍微有所波动就会对其造成很大影响。

表9-9　　**不同规模企业销售增长**

sale_gr	小型出口企业		中型出口企业		大型出口企业	
T_TPU_t	-110.8***	-111.0***	-101.6***	-101.8***	-58.54***	-58.56***
	(1.278)	(1.279)	(0.894)	(0.895)	(0.732)	(0.732)
F_TPU_{it}	-0.210***	-0.213***	0.0417	0.0344	-0.0690	-0.0706
	(0.0705)	(0.0705)	(0.0573)	(0.0573)	(0.0568)	(0.0569)
tsl_{tp}		-0.432***		-0.422***		-0.0366
		(0.0766)		(0.0563)		(0.0461)

续表

sale_gr	小型出口企业		中型出口企业		大型出口企业	
_cons	136.5*** (1.170)	142.1*** (1.530)	124.1*** (0.817)	129.6*** (1.096)	83.02*** (0.668)	83.50*** (0.903)
N	124,058	124,058	214,410	214,410	299,094	299,094
R^2	0.057	0.057	0.057	0.057	0.021	0.021

注：***、**、*分别表示在1%、5%、10%的显著性水平上通过检验；"( )"中的数字为相应的标准误。

从表9-10中可以看出，不同规模下，系统性贸易政策不确定性对企业总资产增长率的影响均显著为负。规模越小的企业这种影响越大，说明越小的企业越承担不起系统性的贸易政策不确定性带来的伤害。非系统性贸易政策不确定性对中型企业的影响不显著，但对小规模的出口企业总资产增长率影响显著为负，对大规模的出口企业总资产增长率影响显著为正，进一步说明了小型企业对抗不确定性的能力较弱，外界稍微有所波动就会对其造成很大影响，而大中型企业在应对不确定性时显然更加自信，并能获取更多收益。

表9-10　**不同规模企业总资产增长率**

totlast_gr	小型出口企业		中型出口企业		大型出口企业	
T_TPU_t	-82.31*** (1.100)	-82.44*** (1.101)	-75.24*** (0.789)	-75.31*** (0.790)	-46.63*** (0.619)	-46.61*** (0.619)
F_TPU_{it}	-0.134** (0.0607)	-0.135** (0.0607)	0.00291 (0.0506)	0.000823 (0.0506)	0.120** (0.0481)	0.122** (0.0481)
tsl_{tp}		-0.200*** (0.0659)		-0.119** (0.0497)		0.0368 (0.0390)
_cons	102.8*** (1.007)	105.4*** (1.317)	94.34*** (0.721)	95.89*** (0.967)	66.38*** (0.565)	65.89*** (0.765)
N	124,056	124,056	214,406	214,406	299,090	299,090
R^2	0.043	0.043	0.041	0.041	0.019	0.019

注：***、**、*分别表示在1%、5%、10%的显著性水平上通过检验；"( )"中的数字为相应的标准误。

从表9-11中可以看出，不同规模下，系统性贸易政策不确定性对企业的代理成本影响均显著为正，且规模越小的企业这种影响越大，说明越小的企业承担系统性的贸易政策不确定性的代价越大。非系统性贸易政策不确定性对企业的代理成本影响均显著为负，且规模越大的企业这种影响越大，说明规模更大的企业应对贸易政策不确定性的成本更低。

表9-11　　不同规模企业代理成本

ac	小型出口企业		中型出口企业		大型出口企业	
T_TPU_t	1.910***	1.929***	1.323***	1.354***	0.772***	0.787***
	(0.0762)	(0.0759)	(0.0518)	(0.0516)	(0.0405)	(0.0403)
F_TPU_{it}	-0.0266***	-0.0259***	-0.0551***	-0.0530***	-0.0601***	-0.0557***
	(0.00417)	(0.00415)	(0.00326)	(0.00325)	(0.00301)	(0.00300)
tsl_{tp}		0.168***		0.152***		0.131***
		(0.00462)		(0.00328)		(0.00255)
_cons	5.742***	3.637***	5.632***	3.699***	5.473***	3.782***
	(0.0708)	(0.0912)	(0.0478)	(0.0633)	(0.0372)	(0.0496)
N	153,922	153,922	257,192	257,192	351,845	351,845
R^2	0.004	0.013	0.004	0.012	0.002	0.010

注：***、**、*分别表示在1%、5%、10%的显著性水平上通过检验；“( )”中的数字为相应的标准误。

从表9-12中可以看出，不同规模下，无论是系统性还是非系统性的贸易政策不确定性对企业营业利润的影响均显著为负。规模越小的企业这种影响越大，说明越小的企业越承担不起系统性的贸易政策不确定性带来的伤害，小型企业对抗不确定性的能力较弱，外界稍微有所波动就会对其造成很大影响。

表 9-12　　　　**不同规模企业营业利润**

lnoppft	小型出口企业		中型出口企业		大型出口企业	
T_TPU_t	-0.485 ***	-0.491 ***	-0.351 ***	-0.355 ***	-0.230 ***	-0.230 ***
	(0.0227)	(0.0227)	(0.0173)	(0.0173)	(0.0156)	(0.0156)
F_TPU_{it}	-0.00585 ***	-0.00596 ***	-0.00211 *	-0.00233 **	-0.0101 ***	-0.0102 ***
	(0.00126)	(0.00126)	(0.00110)	(0.00110)	(0.00112)	(0.00112)
tsl_{tp}		-0.0173 ***		-0.0147 ***		-0.00410 ***
		(0.00135)		(0.00109)		(0.000987)
_cons	7.880 ***	8.099 ***	7.670 ***	7.858 ***	8.484 ***	8.537 ***
	(0.0209)	(0.0270)	(0.0159)	(0.0211)	(0.0143)	(0.0191)
N	123,912	123,912	204,736	204,736	285,529	285,529
R^2	0.004	0.005	0.002	0.003	0.001	0.001

注：***、**、*分别表示在1%、5%、10%的显著性水平上通过检验；“( )”中的数字为相应的标准误。

从表 9-13 中可以看出，不同规模下，无论是系统性还是非系统性的贸易政策不确定性对企业利润总额的影响均显著为负。规模越小的企业这种影响越大，说明越小的企业越承担不起系统性的贸易政策不确定性带来的伤害，小型企业对抗不确定性的能力较弱，外界稍微有所波动就会对其造成很大影响。

表 9-13　　　　**不同规模企业利润总额**

lntotlpft	小型出口企业		中型出口企业		大型出口企业	
T_TPU_t	-0.529 ***	-0.534 ***	-0.367 ***	-0.371 ***	-0.255 ***	-0.255 ***
	(0.0234)	(0.0234)	(0.0179)	(0.0179)	(0.0159)	(0.0159)
F_TPU_{it}	-0.00663 ***	-0.00675 ***	-0.00231 **	-0.00257 **	-0.00983 ***	-0.00992 ***
	(0.00132)	(0.00132)	(0.00113)	(0.00113)	(0.00114)	(0.00114)
tsl_{tp}		-0.0192 ***		-0.0171 ***		-0.00283 ***
		(0.00139)		(0.00112)		(0.00101)

续表

lntotlpft	小型出口企业		中型出口企业		大型出口企业	
_cons	7.799*** (0.0216)	8.041*** (0.0278)	7.560*** (0.0164)	7.778*** (0.0218)	8.419*** (0.0146)	8.455*** (0.0196)
N	124,672	124,672	204,954	204,954	287,516	287,516
R^2	0.004	0.006	0.002	0.003	0.001	0.001

注：***、**、*分别表示在1%、5%、10%的显著性水平上通过检验；“( )”中的数字为相应的标准误。

2. 企业所有制

不同所有制企业的效率也会有所差异，一般认为外贸企业在出口方面具有更多优势。样本数据中所有制结构包括：外资企业、国有企业、私营企业。

从表9-14可以看出，不同所有制下，系统性贸易政策不确定性对企业利润率的影响都显著为负。系统性贸易政策不确定性对私营企业和外资企业显著为负，且考虑出口退税政策的影响下，系统性贸易政策不确定性对私营企业影响最大，但对国有企业却有显著的正向影响。非系统性贸易政策不确定性对所有出口企业利润率影响均为负，但系数明显小于系统性贸易政策不确定性。出口退税率对利润率的影响始终显著为正，说明出口退税构成了企业利润的一部分。

表9-14　　**不同所有制企业利润率**

pro_rate	国有企业		私营企业		外资企业	
T_TPU_t	0.617*** (0.223)	0.454** (0.230)	−0.398** (0.168)	−0.612*** (0.170)	−0.461*** (0.1000)	−0.548*** (0.103)
F_TPU_{it}	−0.0690*** (0.0117)	−0.0695*** (0.0117)	−0.0453*** (0.00769)	−0.0467*** (0.00768)	−0.0187*** (0.00686)	−0.0183*** (0.00686)
tsl_{tp}		0.0645*** (0.0211)		0.145*** (0.0157)		0.0387*** (0.0114)

续表

pro_rate	国有企业		私营企业		外资企业	
_cons	15.13***	14.41***	13.65***	11.95***	15.03***	14.58***
	(0.213)	(0.319)	(0.135)	(0.227)	(0.0916)	(0.161)
N	33,306	33,306	52,285	52,285	174,140	174,140
R^2	0.001	0.002	0.001	0.002	0.000	0.000

注：***、**、*分别表示在1%、5%、10%的显著性水平上通过检验；“( )”中的数字为相应的标准误。

从表9-15中可以看出，不同所有制下，系统性贸易政策不确定性对企业销售增长率的影响不同，对外资企业和国有企业的影响均显著为负。但对私营企业的影响却为正，说明中国私营企业应对贸易政策不确定性更为灵活，这主要原因可能在于当贸易政策不确定性较高时，国有企业和外资企业的撤退使私营企业有了更多扩张的机会，私营企业通过抓住机会抢占国际市场。

表9-15　　**不同所有制企业销售增长率**

sale_gr	国有企业		私营企业		外资企业	
T_TPU_t	-3.809**	-1.980	8.351***	10.32***	-9.502***	-8.279***
	(1.680)	(1.716)	(1.943)	(1.956)	(0.908)	(0.929)
F_TPU_{it}	0.0104	0.0172	0.00190	0.0151	-0.0450	-0.0533
	(0.0817)	(0.0817)	(0.0886)	(0.0885)	(0.0610)	(0.0610)
tsl_{tp}		-0.773***		-1.477***		-0.617***
		(0.149)		(0.183)		(0.0989)
_cons	27.45***	36.26***	37.83***	55.25***	39.32***	46.60***
	(1.528)	(2.281)	(1.549)	(2.653)	(0.799)	(1.415)
N	27,871	27,871	42,086	42,086	132,162	132,162
R^2	0.000	0.001	0.000	0.002	0.001	0.001

注：***、**、*分别表示在1%、5%、10%的显著性水平上通过检验；“( )”中的数字为相应的标准误。

从表9-16中可以看出，不同所有制下，系统性贸易政策不确定性对企业总资产增长率的影响不同，对外资企业和国有企业的影响均显著为负。但对私营企业的影响却为正，说明中国私营企业应对贸易政策不确定性更为灵活，这主要原因可能在于当贸易政策不确定性较高时，国有企业和外资企业的撤退使私营企业有了更多扩张的机会，私营企业通过抓住机会抢占国际市场。

表9-16 **不同所有制企业总资产增长率**

totlast_gr	国有企业		私营企业		外资企业	
T_TPU_t	-4.655***	-3.839***	3.963***	4.008***	-6.058***	-5.787***
	(1.233)	(1.260)	(1.527)	(1.539)	(0.667)	(0.682)
F_TPU_{it}	-0.0294	-0.0264	-0.180***	-0.180***	-0.0160	-0.0178
	(0.0600)	(0.0600)	(0.0697)	(0.0697)	(0.0448)	(0.0448)
tsl_{tp}		-0.345***		-0.0333		-0.137*
		(0.109)		(0.144)		(0.0726)
_cons	20.94***	24.87***	32.31***	32.70***	25.96***	27.58***
	(1.122)	(1.674)	(1.218)	(2.088)	(0.586)	(1.039)
N	27,871	27,871	42,086	42,086	132,152	132,152
R^2	0.001	0.001	0.000	0.000	0.001	0.001

注：***、**、*分别表示在1%、5%、10%的显著性水平上通过检验；"( )"中的数字为相应的标准误。

从表9-17中可以看出，不同所有制下，系统性贸易政策不确定性对企业代理成本的影响不同，对外资企业和国有企业影响均显著为正，国有企业的影响大于外资企业，对私营企业的影响却不显著。说明中国国有企业应对贸易政策不确定性所付出的代价更高。结合上面的分析发现，当贸易政策不确定性较高时，私营企业由于销售的增长，使代理成本占比降低，因此才表现出不显著。

表 9-17 **不同所有制企业代理成本**

ac	国有企业		私营企业		外资企业	
T_TPU_t	1.753***	0.972***	-0.0938	-0.342***	0.872***	0.466***
	(0.170)	(0.174)	(0.0859)	(0.0863)	(0.0597)	(0.0615)
F_TPU_{it}	-0.0510***	-0.0536***	-0.0330***	-0.0346***	-0.0177***	-0.0161***
	(0.00893)	(0.00888)	(0.00392)	(0.00391)	(0.00410)	(0.00409)
tsl_{tp}		0.308***		0.168***		0.180***
		(0.0160)		(0.00796)		(0.00678)
_cons	7.226***	3.759***	5.338***	3.375***	6.887***	4.792***
	(0.162)	(0.242)	(0.0690)	(0.116)	(0.0547)	(0.0957)
N	33,306	33,306	52,285	52,285	174,140	174,140
R^2	0.004	0.015	0.001	0.010	0.001	0.005

注：***、**、*分别表示在1%、5%、10%的显著性水平上通过检验；"( )"中的数字为相应的标准误。

从表 9-18 中可以看出，不同所有制下，系统性贸易政策不确定性对营业利润的影响均显著为负。其中，系统性贸易政策不确定性对国有企业营业利润的影响最大，对外资企业的影响次之，对私营企业的影响最小。说明中国私营企业应对贸易政策不确定性更为灵活。

表 9-18 **不同所有制企业营业利润**

lnoppft	国有企业		私营企业		外资企业	
T_TPU_t	-0.726***	-0.679***	-0.177***	-0.184***	-0.484***	-0.573***
	(0.0505)	(0.0518)	(0.0352)	(0.0356)	(0.0201)	(0.0207)
F_TPU_{it}	-0.00385	-0.00367	0.00263	0.00259	-0.00877***	-0.00840***
	(0.00260)	(0.00260)	(0.00165)	(0.00165)	(0.00141)	(0.00140)
tsl_{tp}		-0.0193***		0.00517		0.0390***
		(0.00476)		(0.00338)		(0.00228)

续表

lnoppft	国有企业		私营企业		外资企业	
_cons	8.529***	8.747***	6.995***	6.935***	7.797***	7.346***
	(0.0477)	(0.0720)	(0.0283)	(0.0487)	(0.0182)	(0.0321)
N	24,516	24,516	44,579	44,579	126,606	126,606
R^2	0.009	0.009	0.001	0.001	0.005	0.007

注：***、**、*分别表示在1%、5%、10%的显著性水平上通过检验；“( )”中的数字为相应的标准误。

从表9-19中可以看出，不同所有制下，系统性贸易政策不确定性对利润总额的影响均显著为负。其中，系统性贸易政策不确定性对国有企业利润总额的影响最大，对外资企业的影响次之，对私营企业的影响最小。说明中国私营企业应对贸易政策不确定性更为灵活。

表9-19 **不同所有制企业回归**

lntotlpft	国有企业		私营企业		外资企业	
T_TPU_t	-0.922***	-0.864***	-0.168***	-0.188***	-0.508***	-0.597***
	(0.0511)	(0.0525)	(0.0356)	(0.0360)	(0.0202)	(0.0208)
F_TPU_{it}	-0.00393	-0.00373	0.00336**	0.00327**	-0.00897***	-0.00860***
	(0.00269)	(0.00269)	(0.00165)	(0.00165)	(0.00141)	(0.00141)
tsl_{tp}		-0.0233***		0.0132***		0.0387***
		(0.00488)		(0.00341)		(0.00229)
_cons	8.578***	8.841***	6.910***	6.755***	7.748***	7.299***
	(0.0486)	(0.0735)	(0.0286)	(0.0491)	(0.0184)	(0.0323)
N	26,837	26,837	45,516	45,516	129,032	129,032
R^2	0.012	0.013	0.001	0.001	0.005	0.007

注：***、**、*分别表示在1%、5%、10%的显著性水平上通过检验；“( )”中的数字为相应的标准误。

3. 地区

不同地区的企业因为其地理位置不同而影响出口选择和产品选择。本文将地区进行分类，按中国统计年鉴分为东部、中部、西部、东北，如果一个企业同一年度所在省份不一致，并且跨地区，则认为是分支机构造成的，这种企业所属地区算跨地区。东部地区有 10 个省份，包括北京、天津、河北、上海、江苏、浙江、福建、山东、广东和海南；中部地区有 6 个省份，包括山西、安徽、江西、河南、湖北和湖南；西部地区有 12 个省份，包括内蒙古、广西、重庆、四川、贵州、云南、西藏、陕西、甘肃、青海、宁夏和新疆；东北地区有 3 个省份，包括辽宁、吉林和黑龙江。

从表 9-20 中可以看出，不同地区，贸易政策不确定性对企业利润率的影响不同。主要以系统性贸易政策不确定性为主。占总数量绝大部分的东部企业中，系统性贸易政策不确定性对企业利润率的影响显著为负，但对其他地区均显著为正，这可能和出口的产品在国际市场上的竞争有关。

表 9-20 **不同地区企业回归**

pro_rate	东部	中部	西部	东北	跨地区
T_TPU_t	−0.277***	1.192***	0.931**	1.215***	1.129**
	(0.0576)	(0.300)	(0.389)	(0.283)	(0.518)
F_TPU_{it}	−0.0142***	−0.0311*	−0.0811***	−0.0109	0.00503
	(0.00389)	(0.0165)	(0.0170)	(0.0164)	(0.0282)
_cons	14.93***	16.01***	17.09***	15.01***	14.51***
	(0.0532)	(0.275)	(0.357)	(0.263)	(0.477)
N	543,508	25,976	18,923	29,096	7,681
R^2	0.000	0.001	0.001	0.001	0.001

注：***、**、* 分别表示在 1%、5%、10%的显著性水平上通过检验；“( )”中的数字为相应的标准误。

从表 9-21 中可以看出，不同地区，贸易政策不确定性对企业销售增长率的影响均显著为负。主要以系统性贸易政策不确定性的影响为主。占总数量绝大部分的东部企业中，系统性贸易政策不确定性对销售增长率的回归系数绝对值最大，这可能和出口的产品在国际市场上的竞争有关。

表 9-21　　　　不同地区企业回归

sale_gr	东部	中部	西部	东北	跨地区
T_TPU_t	-72.01***	-61.39***	-57.41***	-71.04***	-57.97***
	(0.558)	(3.040)	(3.129)	(2.823)	(5.039)
F_TPU_{it}	-0.0633	-0.0304	-0.0526	-0.0536	0.468*
	(0.0387)	(0.166)	(0.140)	(0.171)	(0.282)
_cons	93.34***	94.54***	84.40***	101.0***	85.51***
	(0.509)	(2.752)	(2.831)	(2.584)	(4.568)
N	463,959	22,101	16,365	24,509	6,520
R^2	0.035	0.018	0.020	0.025	0.020

注：***、**、*分别表示在1%、5%、10%的显著性水平上通过检验；“( )”中的数字为相应的标准误。

从表 9-22 中可以看出，不同地区，贸易政策不确定性对企业总资产增长率的影响均显著为负。主要以系统性贸易政策不确定性的影响为主。东北企业中，系统性贸易政策不确定性对企业总资产增长率的回归系数绝对值最大。

表 9-22　　　　不同地区企业回归

totlast_gr	东部	中部	西部	东北	跨地区
T_TPU_t	-50.50***	-42.76***	-34.20***	-50.84***	-34.29***
	(0.479)	(2.463)	(2.456)	(2.406)	(4.152)
F_TPU_{it}	0.0139	-0.0590	0.0682	-0.0489	0.336
	(0.0332)	(0.134)	(0.110)	(0.146)	(0.233)

续表

totlast_gr	东部	中部	西部	东北	跨地区
_cons	68.62***	66.68***	53.39***	72.02***	56.75***
	(0.437)	(2.230)	(2.222)	(2.202)	(3.763)
N	463,949	22,101	16,365	24,509	6,520
R^2	0.023	0.013	0.012	0.018	0.011

注：***、**、*分别表示在1%、5%、10%的显著性水平上通过检验；“( )”中的数字为相应的标准误。

从表9-23中可以看出，不同地区，贸易政策不确定性对企业的代理成本影响均显著为正，以系统性贸易政策不确定性为主，且西部地区的回归系数最大，说明西部的企业承担系统性的贸易政策不确定性的代价更大。

表9-23　　**不同地区企业回归**

ac	东部	中部	西部	东北	跨地区
T_TPU_t	1.196***	1.927***	2.373***	1.657***	1.828***
	(0.0345)	(0.171)	(0.228)	(0.177)	(0.288)
F_TPU_{it}	−0.0514***	−0.0212**	−0.0275***	−0.0138	−0.0256
	(0.00233)	(0.00937)	(0.00998)	(0.0102)	(0.0157)
_cons	5.725***	4.733***	5.653***	6.103***	4.200***
	(0.0319)	(0.157)	(0.210)	(0.164)	(0.265)
N	543,508	25,976	18,923	29,096	7,681
R^2	0.003	0.005	0.006	0.003	0.006

注：***、**、*分别表示在1%、5%、10%的显著性水平上通过检验；“( )”中的数字为相应的标准误。

从表9-24中可以看出，不同地区，贸易政策不确定性对企业营业利润的影响不同，从回归系数来看，以系统性贸易政策不确定性为主。对东部、中部、西部均显著为负，但对东北、跨地区企业影响却并不显著。

表 9-24　　不同地区企业回归

lnoppft	东部	中部	西部	东北	跨地区
T_TPU_t	-0.286*** (0.0123)	-0.154** (0.0645)	-0.172** (0.0770)	-0.0726 (0.0586)	0.0524 (0.122)
F_TPU_{it}	-0.00792*** (0.000830)	-0.00665* (0.00344)	-0.0118*** (0.00341)	-0.000735 (0.00326)	-0.00887 (0.00630)
_cons	7.988*** (0.0113)	8.201*** (0.0588)	8.280*** (0.0702)	7.807*** (0.0540)	8.155*** (0.111)
N	433,063	20,285	14,110	21,523	6,006
R^2	0.001	0.000	0.001	0.000	0.000

注：***、**、*分别表示在1%、5%、10%的显著性水平上通过检验；"( )"中的数字为相应的标准误。

从表9-25中可以看出，不同地区，贸易政策不确定性对企业利润总额的影响均为负，且东部>西部>中部>东北>跨地区。从回归系数来看，以系统性贸易政策不确定性为主。

表 9-25　　不同地区企业回归

lntotlpft	东部	中部	西部	东北	跨地区
T_TPU_t	-0.305*** (0.0127)	-0.224*** (0.0656)	-0.266*** (0.0775)	-0.177*** (0.0593)	-0.0258 (0.123)
F_TPU_{it}	-0.00782*** (0.000848)	-0.00625* (0.00351)	-0.00929*** (0.00343)	-0.00483 (0.00385)	-0.0145** (0.00634)
_cons	7.905*** (0.0116)	8.120*** (0.0600)	8.265*** (0.0709)	7.775*** (0.0547)	8.074*** (0.113)
N	435,419	20,765	14,668	21,740	6,216
R^2	0.002	0.001	0.001	0.000	0.001

注：***、**、*分别表示在1%、5%、10%的显著性水平上通过检验；"( )"中的数字为相应的标准误。

结　　论

第一节　主要结论

本书在前人研究的基础上，在企业异质性贸易理论的分析框架内，研究贸易政策不确定性对企业出口的影响。主要的研究思路是：首先，对已有的相关文献进行梳理；其次，描述了我国出口企业面临的贸易政策的现状及我国企业的特征，并测算出系统性贸易政策不确定性和非系统性贸易政策不确定性；再次，从贸易政策不确定性对企业出口影响方面进行分析；最后，提出结论、相关的政策建议及未来研究的方向。主要结论如下：

一、贸易政策不确定性整体影响为负且具有异质性

理论和实证表明，贸易政策不确定性对企业出口的影响为负，贸易政策不确定性越大，越会对企业出口造成抑制效应。但是，从第二章的推导看出，贸易政策不确定性对企业出口的影响程度与出口目的地的经济地位、出口产品所在的行业、出口企业的规模有着密切的联系：出口目的地的经济地位越高，对贸易政策波动的吸收比例就越小，因此即使贸易政策不确定性较高也不会对该国市场的价格造成较大影响，贸易政策不确定性主要由出口企业承担了；同样的，如果出口产品所在行业竞争激烈，偏完全竞争市场，则贸易政策波动无法对出口目的地的价格产生较大影响，只能由出口企业吸收大部分调增的关税。从 Melitz(2003)模型可以知道，企业规模越大，越能够调整资源降低单位变动成本，因此面对贸易政策不确定性也具有更大的优势。

二、贸易政策不确定性在企业层面会引起资源再配置作用

理论上，出口目的地贸易政策不确定性能通过影响冰山成本的期望来影响我国出口企业的出口选择。市场的优胜劣汰机制仍会使变动成本最低的企业选择出口贸易，变动成本次之的企业选择同时内销和出口，变动成本最高的企业退出市场。若不考虑出口经验的影响，出口目的地贸易政策不确定性越高，进入门槛提高的幅度就越大，这会使一些本可以达到出口要求的企业选择内销，使内销竞争激烈，受到更严重的损失。只有变动成本更低的出口企业才能克服贸易政策不确定性带来的障碍进入市场。影响了市场的优胜劣汰，阻碍了整体变动成本的降低。而且，阻碍出口会引起内销竞争更加激烈，对内销企业造成更大伤害。而出口退税政策能够在一定程度上缓解贸易政策不确定性带来的影响，在帮助出口企业克服出口阻力的同时也保护了本国内销企业。实证结果证实该结论。

三、贸易双方政策不确定性影响的对比

理论上，出口目的地贸易政策不确定性和我国贸易政策不确定性都能影响我国出口企业的决策，对我国出口企业的影响产生双重影响，但是作用机制不同。出口目的地贸易政策不确定性通过影响我国出口企业的出口选择影响企业的收入。出口目的地贸易政策不确定性越高，企业越可能观望、降低出口或者减少企业出口收入转入内销，压低内销价格。而我国贸易政策的不确定性通过影响我国出口企业采购商品所承担的关税影响企业的成本。我国贸易政策不确定性越高，企业越可能选择观望、降低进口或者减少进口转而购买国货，国货需求增大进而提高国货价格。但是对我国出口企业而言，由于只有一般贸易进口的商品将来出口时无法退还关税，加工贸易进口的商品将来出口时通常会退还进口关税（或者用手册直接保税），因此贸易政策不确定性对进口的影响不及对出口的影响。

采用不同方法对基准模型进行再回归，证明本书结论基本稳健。考虑企业异质性的影响结果与本书基本结论一致，系数略有不同。

第二节　政策建议

基于以上研究结论，本书分别从宏观和微观层面给出建议。

一、宏观层面的建议

从宏观方面来说，贸易政策不确定性的伤害是发达国家而不是发展中国家占主导的，但结果却由发展中国家来承担。表面上看，各国调整贸易政策是各国内务，但由于发达国家在市场中占据的主导地位使其在承担不确定性时且有优势。因此发达国家必须在稳定贸易政策方面做出更多的努力，以维护一个公平公正的国际环境。我国虽然是发展中国家，但近年来积极推行"一带一路"彰显了大国风范，通过积极签订贸易协定，争取和更多的国家和地区建立平等互惠的贸易关系，尽可能降低贸易政策不确定性对国际贸易带来的负面影响，提升贸易双方的福利。建议国家建立贸易政策不确定性指数，定期公布和贸易伙伴之间的不确定性，为微观企业提供宏观和中观的决策数据。

二、行业层面的建议

从行业层面来看，不同行业贸易政策不确定对企业出口的影响不同，本国的优势行业对抗贸易政策不确定性的能力更强。因此，加强本国重要行业的优势显得格外重要。我国应该发挥社会主义国家的优势，集中力量加强产业政策的扶持，针对未来发展较好的行业多给政策上的扶持，比如有针对性地实施出口退税政策，以实现产业结构优化，把握经济发展的方向。但同时，政策扶持也应该有个期限，政策扶持是为了产业的发展，而不是使有的落后产业依赖政策而生存。

三、企业层面的建议

从微观企业层面来说，我国出口企业应该在选择出口目的地时要考虑其贸易政策不确定性带来的影响。贸易政策不确定性是除了贸易政策之外，对企业出口选择很重要的考虑因素，企业应根据国家公布的这种类似于股票市场风险系数的贸易政策不确定性指标指导出口企业的出口选择。另外，国别之间贸易政策不确定性的差异也很重要，如果本国出口所面临的不确定性小于与其竞争的其他国家所面临的贸易政策不确定性，使其他国家更多地退出该市场，则贸易政策不确定性很可能为本国带来利益。另外，企业还应该并通过降低变动成本，发展多元化战略，克服贸易政策不确定性对贸易的扭曲，提高掌控贸易政策不确定性的能力，在产品选择上，尽量选择差异化较高的产品，以避免贸易战。

第三节　进一步研究的方向

本书研究贸易政策不确定性仅限于从价关税调整的范畴，还有从量关税没有涉及。本书在研究的时候也没有考虑交易时间，假设所有交易花费的时间一样，但事实上，报关手续有的国家比较简便，处理速度快，因此贸易政策在此期间变化可能不大，但有的国家报关手续复杂，处理时间长，在此期间关税变化会影响到所需缴纳的关税额。

参 考 文 献

[1]白英姿. 跨越比较优势陷阱[D]. 吉林大学，2008.

[2]保罗·克鲁格曼. 战略性贸易政策与新国际经济学[M]. 北京：中国人民大学出版社，2000.

[3]保罗·R. 克鲁格曼，茅瑞斯·奥伯斯法尔德. 国际经济学理论与政策(第八版)[M]. 北京：中国人民大学出版社，2011.

[4]蔡洁，黄曦，白江涛. 贸易政策不确定性与出口：基于中国—东盟自贸区的微观数据分析[J]. 全球化，2017(1)：88-103+135.

[5]陈立中. 比较优势与“比较优势陷阱”——基于一种数学视角和经验性解释[J]. 国际商务——对外经济贸易大学学报，2005(4)：15-19.

[6]陈亮. 中国跨越“中等收入陷阱”的开放创新——从比较优势向竞争优势转变[J]. 马克思主义研究，2011(3)：50-61.

[7]池田宪治. 日本货币政策调整对进出口贸易的影响研究[D]. 哈尔滨工业大学，2014.

[8]陈蔚. 美国碳关税政策对中国出口贸易的影响和对策分析[J]. 价格月刊，2014(5)：70-73.

[9]陈希，彭羽，沈玉良. 外汇管制政策调整对离岸贸易的影响——基于上海自贸区企业层面数据的实证分析[J]. 华东经济管理，2017(3)：13-20.

[10]陈晓枫，陈筱铁. 论我国制造业的廉价劳动力与比较优势陷阱[J]. 福州大学学报(哲学社会科学版)，2005(2)：44-47.

[11]陈颖. 信贷渠道对我国企业出口贸易的影响[D]. 南京师范大学，2014.

[12]陈勇兵，陈宇媚，周世民. 贸易成本，企业出口动态与出口增长的二元边际——基于中国出口企业微观数据 2000—2005[J]. 经济学(季刊)，2012(4)：1477-1502.
[13]崔莹莹. 出口退税政策调整对我国纺织业出口贸易的影响及对策研究[D]. 山东财经大学，2016.
[14]戴水峰. 出口退税政策对中国出口贸易方式及商品结构的影响[D]. 暨南大学，2014.
[15]冯丹卿，钟昌标，黄远浙. 外资进入速度对内资企业出口贸易的影响研究[J]. 世界经济，2013(12)：29-52.
[16]冯跃. 固定汇率，浮动汇率下中国经济政策——人民币升值对我国进出口贸易的影响分析[J]. 经济问题，2012(9)：112-115.
[17]弗兰克·H. 奈特. 不确定性和利润[M]. 王宇，王文玉，译. 北京：中国人民大学出版社，2005.
[18]高贵现，周德翼. 免关税政策对中非贸易的影响分析及启示——基于免关税农产品的面板数据分析[J]. 国际经贸探索，2014(4)：75-84.
[19]顾振华，沈瑶. 利益集团对中国贸易保护政策的影响——来自工业行业的证据[J]. 财贸研究，2015(4)：38-46.
[20]韩冬梅，周明升. 汇率波动对外向型出口加工企业影响的管理试验——基于中国(上海)自由贸易试验区 80 家企业的分析[J]. 中国市场，2016(3)：163-165.
[21]韩国高. 政策不确定性对企业投资的影响：理论与实证研究[J]. 经济管理，2014(12)：62-71.
[22]韩会朝，徐康宁. 美国对华出口贸易的空间集聚及其政策影响——基于 2000—2011 年面板数据的实证研究[J]. 国际商务(对外经济贸易大学学报)，2013(6)：5-12.
[23]韩媛媛，赵金亮，聂元贞. 比较优势与比较优势陷阱论[J]. 首都经济贸易大学学报，2008(2)：98-102.
[24]胡佩. 高技术产品贸易对中国企业技术创新能力的影响——省际高技术产业面板数据的实证[J]. 科技进步与对策，2016

(8)：77-80.
[25]黄平川. 出口贸易对中国企业生产率动态变化的影响研究[D]. 天津：南开大学，2013.
[26]蒋德恩. 中国避免落入"比较优势陷阱"的条件与对策[J]. 北京工商大学学报(社会科学版)，2007(3)：16-20.
[27]江明. 贸易政策不确定性对企业出口动态的影响[D]. 浙江工商大学，2017.
[28]李崇光，李剑. 税收政策调整对我国蔬菜出口贸易的影响——以大蒜出口为例[J]. 财经理论研究，2015(4)：1-7.
[29]李光辉. 论国别政策异质性对国际服务贸易的影响——基于CES消费多样性函数的模型分析[J]. 山东理工大学学报(社会科学版)，2013(1)：21-26.
[30]李宏彬，马弘，熊艳艳，徐嫄. 人民币汇率对企业进出口贸易的影响——来自中国企业的实证研究[J]. 金融研究，2011(2)：1-16.
[31]李辉文. 现代比较优势理论的动态性质——兼评"比较优势陷阱"[J]. 经济评论，2004(1)：42-47.
[32]李京. 中美棉花补贴政策及对我国棉花贸易的影响研究[D]. 东华大学，2011.
[33]李敏，郭曼. 贸易增长的"贫困化"陷阱和比较优势的悖论[J]. 经济体制改革，2003(1)：9-13.
[34]李小平，吴冲锋. 跨境贸易人民币结算政策对外汇储备的影响——基于进出口企业的结算选择博弈分析[J]. 会计与经济研究，2013(4)：59-70.
[35]李正发. 比较优势与竞争优势——兼评"比较利益陷阱"说[J]. 湖北大学学报(哲学社会科学版)，2005(1)：56-59.
[36]李仲周. 世贸组织降低贸易政策不确定性[J]. WTO经济导刊，2015(2)：94.
[37]梁若冰，叶一帆. 营改增对企业间贸易的影响：兼论试点的贸易转移效应[J]. 财政研究，2016(2)：52-64.
[38]梁振，董晓瑜. 退税和汇率政策对出口贸易的影响——基于省

级数据的实证分析[J]．生产力研究，2013(10)：45-47+196.
[39]梁振．汇率和退税政策对出口贸易的影响研究[D]．宁波大学，2011.
[40]凌艳平，辛晓丹，侯俊军．企业参与制定国家标准对其出口贸易规模的影响——基于上市公司数据的实证研究[J]．财经理论与实践，2017(1)：134-138.
[41]刘芳芳．欧盟与环保相关的贸易政策对中欧贸易的影响[D]．天津财经大学，2011.
[42]刘美秀，朱小明，徐小聪，孙一平．贸易自由化对工资及其份额的影响——基于微观企业贸易参与的视角[J]．宏观经济研究，2015(11)：119-130.
[43]刘晓宁，刘磊．贸易自由化对出口产品质量的影响效应——基于中国微观制造业企业的实证研究[J]．国际贸易问题，2015(8)：14-23.
[44]刘欣雨．我国对外贸易政策调整对广东外贸影响的研究[D]．广东外语外贸大学，2013.
[45]刘英，吴军．贸易出口变动对外资企业在外向型行业中空心化现象影响的实证分析——基于人民币升值视角[J]．国际贸易问题，2014(2)：135-146.
[46]刘真．出口退税政策对我国出口贸易的影响研究[D]．华中科技大学，2012.
[47]刘志雄．出口退税政策对我国出口贸易的影响探微[J]．财会月刊，2015(35)：77-80.
[48]柳巍．企业异质性对北京市服务贸易出口的影响研究[D]．河北经贸大学，2016.
[49]龙桂华．出口退税政策调整对我国钢铁企业出口贸易的影响研究[D]．湖南大学，2012.
[50]卢梦杉．美国 337 条款对我国企业出口贸易的影响及应对策略[J]．特区经济，2011(8)：275-276.
[51]罗勇，张悦．融资约束对企业国际化的影响——基于扩展的新新贸易理论模型分析[J]．国际商务(对外经济贸易大学学

报)，2017(1)：99-109.
[52]罗苑婷. 税收政策对上海自由贸易试验区竞争力的影响[D]. 复旦大学，2014.
[53]马靖. 出口贸易对企业规模分布的影响研究[D]. 大连理工大学，2013.
[54]彭超. 政府补贴对企业经营和出口贸易的影响研究[D]. 东华大学，2016.
[55]钱学锋，龚联梅. 贸易政策不确定性，区域贸易协定与中国制造业出口[J]. 中国工业经济，2017(10)：81-98.
[56]钱学锋，王胜. 汇率与出口退税的政策协调及其资源再配置效应[J]. 财贸经济，2017(8)：66-79.
[57]秦盛丰. 对外贸易政策对我国国家利益的影响及策略研究[D]. 武汉工程大学，2015.
[58]邱曼萍，陈洪斌. 如何跳出比较利益陷阱——论比较优势，竞争优势与经济发展[J]. 世界经济研究，1998(5)：70-72+74.
[59]权家敏，强永昌. 贸易自由化对我国制造业企业就业影响的经验研究[J]. 经济问题探索，2016(12)：120-129.
[60]盛斌，陈帅. 全球价值链如何改变了贸易政策. 对产业升级的影响和启示[J]. 国际经济评论，2015(1)：85-97+6.
[61]苏理梅，彭冬冬，兰宜生. 贸易自由化是如何影响我国出口产品质量的？——基于贸易政策不确定性下降的视角[J]. 财经研究，2016(4)：61-70.
[62]孙晓华，孙哲. 出口贸易对企业生产率的异质性影响——基于行业特征，企业规模和出口比重分组的实证检验[J]. 世界经济研究，2012(8)：37-42+88.
[63]陶权，黄汉民. 贸易制度，FDI 与企业异质性对经济增长影响的实证研究[J]. 统计与决策，2015(9)：118-120.
[64]佟家栋，李胜旗. 贸易政策不确定性对出口企业产品创新的影响研究[J]. 国际贸易问题，2015(6)：25-32.
[65]王策. 技术标准对高新技术领域中小企业研发战略与出口贸易的影响研究[D]. 天津财经大学，2015.

[66]王冲. 异质企业理论框架下降低管制成本对出口贸易的影响[D]. 安徽大学, 2016.

[67]王达, 白大范. 美国的出口管制政策及其对美中贸易的影响[J]. 东北亚论坛, 2012(5): 65-71.

[68]王佃凯. 比较优势陷阱与中国贸易战略选择[J]. 经济评论, 2002(2): 28-31.

[69]王进猛, 沈志渔. 内部贸易对外资企业绩效影响实证研究——基于国际分工和交易成本视角[J]. 财贸经济, 2015(2): 74-86.

[70]王涛. 中英政府政策对清代茶叶贸易的影响探析[J]. 兰台世界, 2011(3): 23-24.

[71]魏友岳, 刘洪铎. 经济政策不确定性对出口二元边际的影响研究——理论及来自中国与其贸易伙伴的经验证据[J]. 国际商务(对外经济贸易大学学报), 2017(1): 28-39.

[72]韦茜. 贸易政策不确定性对我国出口影响研究——基于中国企业层面数据的分析[J]. 价格月刊, 2018(7): 46-50.

[73]吴姗姗. 美国量化宽松政策对中国进出口贸易的影响[J]. 对外经贸, 2015(12): 39-40.

[74]吴一平, 尹华. 政策不确定性对企业投资的异质性影响[J]. 经济管理, 2016(5): 10-20.

[75]席艳乐, 于江曼. 出口贸易对企业就业规模的影响——基于2000—2007年中国企业微观数据的实证检验[J]. 山西财经大学学报, 2016(2): 14-25.

[76]项卫星, 王冠楠. 美国的贸易政治对贸易政策决策的影响——基于TPP谈判的视角[J]. 世界经济研究, 2015(11): 21-29+127.

[77]谢千里, 罗斯基, 张轶凡. 中国工业生产率的增长与收敛[J]. 经济学季刊, 2008(4): 809-826.

[78]熊坂万智子. 日本现行农产品贸易政策对中日农产品贸易的影响研究[D]. 黑龙江大学, 2013.

[79]徐进亮, 康健, 张亦华. 贸易自由化对中国政府采购产品自主

创新的影响及政策建议——以中国加入 WTO 及建立中国—东盟自贸区为背景[J]. 广西民族大学学报(哲学社会科学版), 2016(6): 151-156.
[80]徐康宁, 韩会朝. 美国政党分野, 州际差异如何影响美国对华贸易政策? [J]. 国际经济评论, 2014(6): 89-100+7.
[81]徐姗. 西方动态比较优势理论的演进——发展中国家和"比较优势陷阱"[J]. 国际社会科学杂志(中文版), 2009(2): 108-110.
[82]徐卫章, 李胜旗. 贸易政策不确定性与中国出口企业加成率——基于企业异质性视角的分析[J]. 商业研究, 2016(12): 150-160.
[83]许庆, 范英, 吴方卫. 零关税政策背景下中国—东盟自贸区农产品贸易对中国经济影响的模拟分析[J]. 世界经济研究, 2011(11): 81-86+89.
[84]杨培强, 张兴泉. 贸易保护政策对异质性企业影响的实证检验——兼论中美产业内贸易摩擦传导机制[J]. 国际贸易问题, 2014(1): 120-130.
[85]杨平丽, 张建民. 对外直接投资对企业进出口贸易的影响——来自中国工业企业的证据[J]. 亚太经济, 2016(5): 113-119.
[86]杨曦. 出口退税政策调整对广西出口贸易的影响分析[D]. 广西师范大学, 2011.
[87]尹靖华, 顾国达. 国际粮价波动对粮食贸易政策的影响研究[J]. 国际经贸探索, 2015(2): 19-27.
[88]尹璐. 20 世纪以来贸易保护政策在美国的演进及对中美贸易的影响[D]. 云南财经大学, 2012.
[89]袁欣. 加工贸易与比较优势陷阱. 来自广东的实证分析[J]. 宏观经济研究, 2005(9): 58-60.
[90]詹政, 冯宗宪. 贸易政策对企业国际竞争力及境外资源利用的影响[J]. 国际经贸探索, 2011(3): 23-27.
[91]张曼婕. 新常态视野下我国政府经济政策对贸易经济增长的影响[J]. 改革与战略, 2015(10): 14-17.

[92]张琦. 个人跨境贸易人民币结算对外贸企业的影响——以义务为例[J]. 浙江金融, 2013(4): 49-51.

[93]张蓉. 国外技术性贸易措施对我国企业出口的影响及应对策略[J]. 世界贸易组织动态与研究, 2013(4): 72-80+92.

[94]张晓辉. 比较优势陷阱与中国外贸发展战略选择[J]. 改革与战略, 2004(9): 27-29.

[95]张秀生, 盛见. "比较优势陷阱"与中部地区经济增长[J]. 经济管理, 2008(7): 89-92.

[96]张亚君, 张西征. 经济政策不确定性对企业投资的影响[J]. 商业会计, 2016(1): 31-34.

[97]张亚君. 经济政策不确定性对企业投资的影响[D]. 东华大学, 2016.

[98]张余. 出口退税政策对外向型经济区域出口贸易影响的实证研究[D]. 南京财经大学, 2011.

[99]郑丹青. 外资进入对企业出口贸易增加值的影响研究——基于生产要素收入视角[J]. 经济问题探索, 2016(2): 144-152.

[100]周大鹏. 区域贸易协定对中国 OFDI 制造企业母公司绩效的影响研究[J]. 国际贸易问题, 2016(3): 70-80.

[101]Amber Fatima, Abdul Waheed. Economic Uncertainty and Growth Performance: a Macroeconomic Modeling Analysis for Pakistan [J].Quality & Quantity, 2014,48(3):1361-1387.

[102] Asplund, M., Nocke, V. Firm Turnover in Imperfectly Competitive Markets[J].Review of Economic Studies,2006(73): 295-327.

[103]Aw, B. Y., Chung, S., Roberts, M. J. Productivity and Turnover in the Export Market: Micro-levelEvidence from the Republic of Korea and Taiwan (China)[J].World Bank Economic Review, 2000(14):65-90.

[104]Baldwin, R. E., Martin, P., Ottaviano, G., Robert-Nicoud, F. Economic Geography and Public Policy [M]. Princeton, NJ: Princeton University Press, 2003.

[105]Bernard, A. B., Eaton, J., Jensen, J. B., Kortum, S.Plants and Productivity in International Trade [J]. American Economic Review, 2003(93):1268-1290.

[106]Bernard, A., Jensen, B. Exceptional Exporter Performance: Cause, Effect, or Both[J]. Journal of International Economics, 1999(47):1-25.

[107]Bernard, A. B., Jensen, J. B., Schott, P. K.Trade Costs, Firms and Productivity [J]. Journal of Mone-tary Economics, 2006 (53):917-937.

[108]Bloom, N., S. Bond, J. Van Reenen. Uncertainty and Investment Dynamics[M].The Review of Economic Studies, 2007.

[109]Brander, J., Krugman, P. A "Reciprocal Dumping" Model of International Trade[J]. Journal of International Economics, 1983 (15):313-321.

[110]Campbell, J., Hopenhayn, H.Market Size Matters[J].Journal of Industrial Economics, 2005(53):1-25.

[111]Sofronis Clerides, Saul Lach, James Tybout. Is "Learning-by-Exporting" Important? Micro-Dynamic Evidence from Colombia, Mexico and Morocco[J].The Quarterly Journal of Economics, 1998(113):903-947.

[112]Combes, P., Duranton, G., Gobillon, L., Puga, D., Roux, S. The Productivity Advantage of Large Markets: Distinguishing Agglomeration from Firm Selection [D]. Mimeo, University of Toronto,2007.

[113]Del Gatto, M., Mion, G., Ottaviano, G. I. P. Trade Integration, Firm Selection and the Costs of Non-Europe [D]. Mimeo, University of Bologna,2006.

[114]Eaton, J., Kortum, S.Technology, Geography, and Trade[J]. Econometrica,2002(70): 1741-1779.

[115]Feenstra, R., Markusen, J., Rose, A.Using the Gravity Equation to Differentiate Among Alternative Theories of Trade[J].Canadian

Journal of Economics, 2001(34):430-447.

[116] Helpman, E., Krugman, P. Trade Policy and Market Structure [D]. Cambridge, MA: MIT Press, 1989.

[117] Helpman, E., Melitz, M. J., Rubinstein, Y. Estimating Trade Flows: Trading Partners and Trading Volumes[J]. The Quarterly Journal of Economics, 2008, 123(2):441-487.

[118] Holmes, T., Stevens, J. Geographic Concentration and Establishment Size: Analysis in an Alternative Economic Geography Model[J]. Journal of Economic Geography, 2004(4): 227-250.

[119] Horstmann, I. J., Markusen, J. R. Up the Average Cost Curve: Inefficient Entry and the New Protectionism [J]. Journal of International Economics, 1986(20):225-247.

[120] Krugman, P. R. Increasing Returns, Monopolistic Competition, and International Trade[J]. Journal of International Economics, 1979(9):469-479.

[121] Krugman, P. R. Scale Economies, Product Differentiation, and the Pattern of Trade[J]. American Economic Review, 1980(70): 950-959.

[122] Kyle Handley, Nuno-Limão. Trade and Investment under Policy Uncertainty Theory and Firm Evidence [J]. American Economic Association, 2015, 7(4): 189-222.

[123] Kyle Handley, Nuno-Limão. Policy Uncertainty, Trade and Welfare: Theory and Evidence for China and the U.S. [J]. Journal of International Economics, 2017, 47(441): 47.

[124] Kyle Handley. Exporting under Trade Policy Uncertainty Theory and Evidence[J]. Journal of International Economics, 2014, 94 (1): 50-66.

[125] Markusen, J. R. Trade and the Gains from Trade with International Competition[J]. Journal of International Economics, 1981(11): 531-551.

[126] Melitz, M.J. The Impact of Trade on Intra-Industry Reallocations and Aggregate Industry Productivity [J]. Econometrica, 2003 (71):1695-1725.

[127] Melitz, M.J., G.P.Ottaviano. Market Size, Trade, and Productivity [J].Review of Economic Studies, 2008(75):295-316.

[128] Meredith Crowley, Ning Meng, Huasheng Song. Tariff Scares: Trade Policy Uncertainty and Foreign Market Entry by Chinese [J].Journal of International Economics, 2018, 114(9): 96-115.

[129] Ottaviano, G. I. P., Tabuchi, T., Thisse, J.F. Agglomeration and Trade Revisited [J]. International Economic Review, 2002 (43):409-436.

[130] Pavcnik, N. Trade Liberalization, Exit, and Productivity Improvements: Evidence from Chilean Plants [J]. Review of Economic Studies, 2002(69):245-276.

[131] Sala, D., Schroder, P.J.H, Yalcin, E. Market Access Through Bound Tariffs[J].Scottish Journal of Political Economy, 2010, 57 (3):272-289.

[132] Syverson, C. Market Structure and Productivity: A Concrete Example [J]. Journal of Political Economy, 2004 (112): 1181-1222.

[133] Tybout, J. Plant and Firm-Level Evidence on New Trade Theories, in J. Harrigan Handbook of Inter-national Economics [J].2002(38):388-415.

[134] Venables, A. J. Trade and Trade Policy with Imperfect Competition: The Case of Identical Products and Free Entry[J]. Journal of International Economics, 1985(19): 1-19.

[135] Venables, A. J. Trade and Trade Policy with Differentiated Products: A Chamberlinian- Ricardian Model [J]. Economic Journal, 1987(97):700-717.

[136] Weinstein, D.Competition and Unilateral Dumping[J].Journal of International Economics, 1992(32):379-388.

后　　记

一次偶然的机会听到《我是演说家》中许吉如精彩的演说——《国强则少年强》，她提到了一个高频词“安全感”。安全感的反面就是不安全感，这和我研究的不确定性很相近。许吉如提到了以色列这个神奇的国家，它虽然是个多灾多难的国家，但却依然是世界强国。许吉如说安全感并不影响一个国家的强大，因为不安全感催人奋进。我想到了自己，我虽然喜欢在学习和工作中寻找挑战，但是却对安全感有着执念。我目前为止总共学了五个专业，并且正在打算下一个专业学医。因为我认为世界变化那么快，一个专业不安全。我带着这五个专业一路前行，抵抗未来的不确定性，舍不得放弃其中任何一个专业。在这五个专业的学习中，我努力磨炼自己的学习技能，直到现在看到教材就能自动识别重点、难点、考点，可以用很快的速度拿下考试，可以说我已经得到了考试的安全感；我认真对待我的每份工作，得到了每位领导的好评。我不断地刷经验，企业工作经验、教学经验、科研经验以及行政经验，能刷的经验我都刷，我也得到了工作的安全感。这一路走来得到了很多领导的肯定和帮助，也得到了导师的肯定和支持，别人都认为我运气特别好。但是，读博以后我却总在问自己，这真的是最好的结果吗？人的精力是有限的，如果我有足够的安全感，一开始只选择一个专业，我的造诣会不会更高？

安全感是分层次的。人的安全感可以分为国家层面的安全感和个人层面的安全感。许吉如提到国家强大会带给国民强大的安全感，让这个国家的少年自由地选择自己感兴趣的事业，因此更可能取得更高的成就，最终为国家作出更大的贡献，进而使每个国民获得更强大的安全感。这是指的国家层面的安全感。我们生活在中国这个和谐的国家，我们对自己的国家有信心，我们认为国家有能力保护每个公民，并且不断地让人民的生活过得更好。

但同时，每个人感受到的安全感是不同的，因为还存在个人层面的安全感。有能力的个体可能会拥有更强大的安全感。这两种安全感是不同的：国家层面的安全感带给人的是正向的影响，它使我们每个个体可以更加从容、冷静地选择自己所希望的生活；个人层面的安全感却并不一定给人正向的影响，虽然条件优越的家庭可能培养出更优秀的孩子，但也可能培养出纨绔子弟，而条件很差的家庭，孩子很懂事，最终成功的例子也不少。

正如我正在研究的"不确定性"。对这些问题的思考一步步引导着我把不确定性分为系统性和非系统性两个部分。系统性的不确定性也就是国家层面的不确定性，当世界市场上金融危机出现时，波及范围很广，这种情况引起的不确定性就属于系统性不确定性。系统性不确定性越低，企业出口的选择范围越大，这个范围包括出口的产品、目的地、交易时间等。因此，我们认为提高国家层面的安全感是有益的。通过签订国与国之间的贸易协定，降低不确定性会给贸易双方带来好处。

非系统性不确定性是指具体企业面临的不确定性，表现出异质性。在国家层面不确定性一定的情况下，率先出口的企业与国外结成的这种稳固的贸易关系会形成较强的比较优势，提高了国内其他企业的出口门槛。少数率先出口的企业会占据较大的出口份额，并且形成强者越强的趋势，从而形成出口企业的异质性。但这种优势是由于加高出口门槛造成的，其中包含了贸易的转移效应，它违背了生产率规律，会抑制企业的整体生产率。而且，在国家层面不确定性既定的情况下，企业选择不同的出口产品和出口目的地，其所面临的贸易政策不确定性也是不同的。企业可以通过调整出口产品的种类和出口目的地来改变这种不确定性。

带着这些想法，我开始搜集文献和数据，最终写成了本书。这期间有家人的帮助和朋友的陪伴。其中最需要感谢的是中原工学院的刘跃军教授。他分析问题思路特别清晰，给了我很大的启发。最终，在他的帮助下我渐渐理清思路，完成了本书。当然本书的出版还要感谢武汉大学出版社的沈编辑。我也要感谢我的家人一直以来对我工作的支持。

周丽

2018 年 9 月于武汉